P.Bourcillier / B.S.Kamps

# Italienisch zwischen den
# Hügeln der Venus und den Lenden Adonis'

Fremdsprache in zärtlichen und wollüstigen Schattierungen

Mit 20 Zeichnungen von Liane Axmann

und einem Geleitwort von Thomas Dino Hälbig

Die Deutsche Bibliothek – CIP-Einheitsaufnahme

**Bourcillier, Patricia:**
Italienisch zwischen den Hügeln der Venus und den Lenden
Adonis' : ein Sprachbuch für Liebeskünstler / Patricia
Bourcillier ; Bernd Sebastian Kamps. - 1. Aufl. - Wuppertal :
Steinhäuser, 1991
  ISBN 3-924774-11-0

Auflage:   14. 13. 12. 11. 10. 9. 8. 7. 6. 5. 4. 3. 2. 1.          Letzte Zahlen maßgeblich
Jahr:      2000 1999 98 97 96 95 94 93 92 91


Copyright 1991 Steinhäuser & Kamps, 5600 Wuppertal 23
Titel: Gabi und Matthias, anläßlich eines Essens am Rande des Florenzer Kongresses 1991
Druckvorlage: Michael Müller
Druck: Druckstore, Köln, Tel.: 0221/388873

Printed in Germany

# Vorwort

Daß das Erlernen einer Fremdsprache nicht mehr nur stupides Einschleifen von Vokabeln und grammatikalischen Besonderheiten anhand von Texten sein muß, die wegen ihrer wenig motivationsfördernden Inhalte schon Generationen von Sprachschülern langweilten, ist nicht zuletzt das Verdienst von Patricia Bourcillier und Bernd Sebastian Kamps. Mit der Lehrbuchreihe "...für Mollis und Müslis" präsentierten sie bereits Mitte der achtziger Jahr eine ausgefallene Sammlung von Texten politischer wie privater Brisanz.

Nun erscheint unter dem Titel "Italienisch - Zwischen den Hügeln der Venus und den Lenden Adonis'" der zweite Band einer neuen Reihe. Ausgehend von der Annahme, keine Unterrichtssituation simuliere ein derart eindringliches Erleben wie die denkbaren Szenarien in und um das Bett, was durchaus auch im metaphysischen Sinne zu verstehen ist, werden wir durch die Stationen des Liebeslebens geführt.

Das Lehrbuch ist dem Metrum des amourösen Geschehens gemäß in Lektionen gegliedert, wie: "Liebe auf den ersten Blick", "Die Liebeserklärung", "Leidenschaft", "Geht es tatsächlich um mich?", "Eifersucht". Zu Beginn jeder Lektion folgt einer kurzen Einstimmung mit dem Zitat eines italienischen Literaten der Text zum Thema sowie das dazugehörige Vokabular. Berücksichtigung finden auch Begriffe, deren praktische Relevanz außer Frage steht, die jedoch dem akademischen Lehrpersonal, wenn überhaupt, nur peinlich berührt über die Zunge wollen.

Es schließen sich jeweils zwei Einheiten Grammatik an, in denen insbesondere die Zeitformen mit großer Sorgfalt behandelt werden. Durchgehend zeichnet sich die Darstellung der Grammatik durch direkte Bezugnahme auf die Möglichkeiten ihrer Anwendung im Diskurs der Liebenden aus. So ist es nur folgerichtig, wenn z.B. das Konditional I in den thematischen Zusammenhang der "Vorspiele zur Liebe", das Futur I dagegen in den der "Liebeserklärung" eingebettet ist.

Die didaktische Stärke des Lehrbuches liegt darin, daß die Autoren erfolgreich vermeiden, ihre Texte in den Dienst der Grammatik zu stellen und dennoch eine schlüssige Darstellung derselben geben. Mit "Italienisch - zwischen den Hügeln der Venus und den Lenden Adonis'" steht im Genre der Sprachlehrbücher eine willkommene Alternative zur altbackenen Uniformität etablierter Werke zur Verfügung. Die gleichnamigen Ausgaben der Reihe für Französisch, Spanisch und Englisch sind vom Verlag bereits für die nächsten Monate angekündigt.

Th.D.Hälbig

# Danksagung

Für die stets lustige und unterhaltsame Mitarbeit
danken wir Dario Barone, Rossana Schirra, Claudio Galleri, Fabrizio Casti und Michael Müller.

4

# Inhaltsverzeichnis

# Aussprache des Italienischen

Konsonanten bzw. Konsonantengruppen werden im allgemeinen wie im Deutschen ausgesprochen. Nachfolgend die Ausnahmen:

|     | vor a, o oder u | vor i und e |
| --- | --- | --- |
| c   | k   | tsch |
| g   | g   | dsch |
| sc  | sk  | sch |

| | |
| --- | --- |
| h | wird nicht ausgesprochen |
| qu | k + u (wie in einigen süddeutschen Dialekten) |
| v | wie deutsches w |
| sp, st | wie im Hamburger Dialekt |
| ch | wie deutsches k |
| s | am Wort- oder Silbenanfang: ß |
| | zwischen zwei Vokalen wie s in Rose |
| Merke: | Zwei aufeinanderfolgende Vokale (z.B. io, au, eu) werden immer deutlich hörbar getrennt gesprochen. |

Betonung: Im allgemeinen werden die Wörter auf der vorletzten Silbe betont: baciare, guardare, vedere etc. Ausnahmen von dieser Regel werden in den Vokabellisten oder in den Grammatikabschnitten durch einen spitzen Akzent (á, é, í, ó, ú) gekennzeichnet. Diese Akzente werden, sofern sie nicht auf der letzten Silbe stehen, in italienischen Texten NIE geschrieben.

Stehen am Wortende zwei Vokale zusammen (arancia, bacio etc), werden diese als einheitlicher Laut verstanden, der nicht betont wird. Ausnahmen von dieser Regel werden durch Akzent gekennzeichnet (farmacía).

# Abkürzungen

| | | |
|---|---|---|
| adv. | adverbo | Adverb |
| f. | feminino | weiblich |
| fig. | figurativo | im übertragenen Sinne |
| jm. | jemandem | |
| jn. | jemanden | |
| m. | mascolino | männlich |
| pl. | plurale | Plural, Mehrzahl |
| qc. | qualcosa | etwas |
| qu. | qualcuno | jemand |
| sing. | singolare | Singular, Einzahl |

# 1.

## Italienisch im Bett

Feurige Augen und ein Mund wie ein Wasserfall: vor Dünen und Betten haben die italienischen Götter das Wort gestellt, unstillbar zwischen sinnlichen Lippen hervorquellend, Äther gleich, einnebelnd und vereinnahmend. Wörter bahnen den Weg, leiten ein und nehmen vorweg. Von Wörtern getragen reift die neue Liebe heran. Ohne Wörter keine Liebe.

L'amore aiuta a vivere, a durare,
l'amore annulla e dà principio.

(Mario Luzi, *Aprile - Amore*)

# L'italiano a letto

Stamattina il nostro professore ha detto: "L'italiano, bisogna impararlo a letto". Stupiti, gli abbiamo chiesto: "Sempre?"

Lui ha risposto : "Il più spesso possibile". Dopo ci ha dato una lista di parole. Tra queste : "Amore mio"..., "Tesoro mio"..., "Coccolino mio"..., "Stellina mia"...

Un alunno ha alzato la mano : "E quando voglio comprare il pane, cosa devo dire?" Hanno riso tutti. Durante la ricreazione, lo stesso alunno ha detto: "Il nostro professore è un sessantottino, non pensa ad altro che alle donne."

Qualche giorno dopo il professore ha spiegato: "Bisogna imparare una lingua straniera con amore. Così è più facile ricordarsi le parole. Bisogna imparare una lingua con baci, carezze e molta tenerezza. I baci non si dimenticano, e tanto meno le parole che li accompagnano."

Dopo mi ha chiesto di coniugare il verbo "accarezzare" al presente. Sono diventato rosso. E ho visto con piacere che la nuova alunna della classe mi guardava, era anche lei tutta rossa.

# Hinweis zu den Vokabellisten

Die akzentuierten Vokale á, é, í, ó und ú zeigen an, daß die jeweiligen Wörter auf der zugehörigen Silbe betont werden. Im geschriebenen Italienisch tauchen sie nicht auf. Akzente auf einem Vokal am Wortende wie auf à (z.B. in città), é (perché), è, ì (lì), ò (parlò) oder ù (più) werden hingegen immer geschrieben.

## Vorspann

| | |
|---|---|
| l'amore *m.* | die Liebe |
| aiuta | er/sie/es hilft |
| a | hier: zu |
| vívere | leben |
| durare | dauern |
| annulla | er/sie/es hebt auf |

dà — er/sie/es gibt
il principio — hier: das Lebensprinzip

## Text

l'italiano — 1. Italienisch
2. der Italiener
a letto — im Bett
stamattina — heute morgen
il nostro professore — unser Lehrer
ha detto — hat gesagt
imparare — lernen
bisogna impararlo — man muß es lernen
stupito — überrascht

| | |
|---|---|
| chiédere | fragen |
| gli abbiamo chiesto | wir haben ihn gefragt |
| sempre | immer |
| lui | er |
| rispóndere | antworten |
| lui ha risposto | er hat geantwortet |
| spesso | oft |
| possíbile | möglich |
| il più spesso possíbile | so oft wie möglich |
| dopo | danach; nach |
| dare | geben |
| ci ha dato | er hat uns gegeben |
| una lista | eine Liste |
| la parola | das Wort |
| una lista di parole | eine Liste mit Wörtern |
| tra | unter, zwischen |
| tra queste | unter diesen (waren) |
| amore mio | meine Liebe |
| tesoro mio | mein Schatz |
| coccolino mio | etwa: mein Schmusetierchen |
| stellina mia | mein Stern |
| un alunno | ein Schüler |
| la mano | die Hand |
| ha alzato la mano | hat die Hand gehoben |
| e | und |
| quando | wenn |
| voglio | ich will |
| comprare | kaufen |
| il pane | das Brot |
| cosa devo dire? | was muß ich sagen? |
| rídere | lachen |
| tutti | alle |
| hanno riso tutti | alle haben gelacht |
| durante | während |
| la ricreazione | die Pause |
| lo stesso alunno | derselbe Schüler |
| è | er ist |
| un  sessantottino | ein 68er |
| pensare alle donne | an Frauen denken |
| non pensa ad altro che a | er denkt nur an |
| il giorno | der Tag |
| qualche giorno dopo | einige Tage danach |
| ha spiegato | er hat erklärt |
| una lingua straniera | eine Fremdsprache |
| con amore | mit Liebe |
| così | so |

| | |
|---|---|
| fácile | leicht |
| è più fácile | es ist leichter |
| ricordarsi | sich erinnern an |
| con baci | mit Küssen |
| con carezze | mit zärtlichen Berührungen |
| molto | viel |
| con molta tenerezza | mit viel Zärtlichkeit |
| dimenticare | vergessen |
| i baci non si diménticano | die Küsse vergißt man nicht |
| e tanto meno | und viel weniger |
| le parole che | die Wörter, die |
| li | sie |
| li accompagnano | sie begleiten |
| mi ha chiesto di | er hat mich gebeten, zu |
| coniugare | konjugieren |
| il verbo | das Verb, das Tätigkeitswort |
| accarezzare | streicheln |
| al presente | im Präsens |
| sono diventato | ich bin geworden |
| rosso | rot |
| ho visto | ich habe gesehen |
| con piacere | mit Vergnügen |
| che | daß |
| la nuova alunna | die neue Schülerin |
| della classe | der Klasse |
| mi guardava | sie sah mich an |
| era | sie war |
| anche | auch |
| era anche lei | auch sie war |
| tutta rossa | ganz rot |

# GRAMMATIK I

## Aussicht

Das längste Grammatikkapitel liegt vor dir! Dennoch wird dir das Studium leichtfallen, denn dir öffnet sich die Welt der Verben, also der Wörter, die eine Tätigkeit beschreiben, verniedlichend auch "Tu-Wörter" genannt. Sie sind der Dreh- und Angelpunkt der Welt, und drehen und angeln sollst du schon ab heute in Gegenwart und Vergangenheit. Später folgen, kaum minder bedeutsam, die Substantive, zu deutsch Hauptwörter, die Akteure der Handlung. Zusammen mit den Verben bilden sie vollständige Sätze, die Welt kann beschrieben werden. Um die Welt zu beschreiben, müssen wir sie freilich erkunden. Vieles muß noch gelernt, erfragt werden. Daher darf das erste Kapitel nicht schließen ohne eine Einführung in Fragewörter und Fragesätze. Neugierde erschließt die Welt.

## 1.1. Das Verb

Das Verb (Tätigkeitswort, "Tu-Wort") ist das Zentrum eines jeden Satzes! Dies mag überraschen, wer denkt, im Zentrum stünden die Dinge der Welt, irgendwann also auch wir selbst. Falsch! denn die Dinge an sich tun nur so, als existierten sie, in Wirklichkeit durchschlummern sie in der Unbeweglichkeit einen Vorschuß auf den kommenden Tod. Zum Leben erwachen sie indes erst, wenn sie sich bewegen und agieren, wirbeln und zaubern: ich handle, also bin ich.

Im Zentrum des Satzes steht also unwiderlegbar das Verb. Von diesem Verb sind zwei Aspekte besonders hervorzuheben: persönliche und zeitliche Variationen.

### 1.1.1 Persönliche Variation des Verbs

Die rohe, unbearbeitete Form des Verbes wird **Infinitiv** genannt. Im Deutschen erkennt man Infinitive an der Endung **-en (-n)** (vögeln, genießen, schlafen etc.), im Italienischen in der Regel an den Endungen **-are, -ere** oder **-ire** (scopare, godere, dormire etc.). Infinitive sind zwar nicht selten, jedoch werden Verben meist so eingesetzt, daß gleichzeitig ausgedrückt wird, wer vögelt, wer genießt und wer schläft. Unterschieden werden drei Personenformen, jeweils im Singular (Einzahl) und im Plural (Mehrzahl).

Die erste Personenform bezeichnet den Sprecher, die zweite Personenform den Angeredeten, die dritte Personenform einen anwesenden oder abwesenden Dritten, über den gesprochen wird. Bei dem Verb **amare** *lieben* sehen diese drei Personenformen dann so aus:

| (io) | **amo** | ich | liebe |
| (tu) | **ami** | du | liebst |
| (lui/lei) | **ama** | er/sie | liebt |

Dies sind die 1.Person, 2.Person und 3.Person Singular (Einzahl) des Verbes **amare**. Im Plural (Mehrzahl) lauten 1., 2. und 3. Person:

| (noi) | am**iamo** | wir | lieben |
| (voi) | am**ate** | ihr | liebt |
| (loro) | **ámano** | sie | lieben |

Die Personalpronomen **io, tu, lui/lei, noi, voi, loro** stehen zwischen Klammern, weil sie nur dann gebraucht werden, wenn die entsprechenden Personen betont werden sollen. Im allgemeinen reicht aber die Verbform allein, da sie im Gegensatz um Deutschen die Personen eindeutig festlegt. Die obige Auflistung der verschiedenen Formen des Verbes amare im Präsens nennt man **Konjugationstabelle**. Präge dir ihre Struktur genau ein. Konjugationstabellen gehören zu den wichtigsten Lerninhalten der Italienisch-Grammatik!

### 1.1.2  Zeitliche Variationen des Verbs

Endungen, die an den Verbstamm angefügt werden (soeben hast du die Endungen der Gegenwart -o, -i, -a, -iamo, -ate, -ano kennengelernt, die an den Stamm **am-** von amare gehängt wurden) kennzeichnen nicht nur Personen, sondern auch die zeitliche Dimension der Handlung. Diese kann sich in der Gegenwart, in der Vergangenheit oder in der Zukunft abspielen. Weiter unten lernst du die erste Zeitform der Vergangenheit kennen, im 4.Kapitel die zweite Vergangenheitsform sowie die Zeitform der Vorvergangenheit. Mindestens 10 verschiedene, im täglichen Gespräch durchaus gebräuchliche Zeitformen müssen im Italienischen beherrscht werden. Eine zweifellos große, glücklicherweise jedoch zu meisternde Aufgabe. Verben sind ein harter, aber dankbarer Brocken!

## 1.2.  Das Präsens (Gegenwart)

Das Präsens ist neben zwei Zeitformen der Vergangenheit die wichtigste zeitliche Dimension. Die Liebenden stehen im Zentrum des Lebens, äußern sich, wie man früher sagte, im Hier und Jetzt. Gefühle (**ti amo** *ich liebe dich*, **ti adoro** *ich verehre dich*, **mi rendi pazzo** *du machst mich verrückt*, **non posso più vivere senza di te** *ich kann ohne dich nicht mehr leben*) werden ebenso im Präsens formuliert wie die Grundsatzdiskussionen, mit denen die Liebenden sich näher zu kommen versuchen (**L'amore è...** *Liebe ist...*, **la gelosia non è...** *Eifersucht ist nicht...*, **perché sei sempre...** *warum bist du immer...*). Weil das Präsens die Zeitform des Handelns par excellence ist, wird es von allen Sprechenden häufig gebraucht. Und weil es über Jahrhunderte häufig gebraucht wurde, finden sich unter den Verbformen des Präsens zahlreiche Unregelmäßigkeiten. Es ist unverzichtbar, diese Unregelmäßigkeiten der wichtigsten Verben zu beherrschen. Aus diesem Grund werden zu Anfang der Grammatikkapitel jeweils zwei Verben vorgestellt. Wiederhole sie solange, bis dir keine Fehler mehr unterlaufen.

## 1.3. Präsens der Verben auf -are

Zur Bildung der Präsensformen wird -wie oben bereits besprochen- die
Infinitivendung -are abgestrichen und an den verbleibenden Wortstamm
für die Singularformen der 1., 2. und 3.Person -o, -i, -a, für die Pluralformen
-iamo, -ate, -ano angehängt:

|  | **accarezzare** |  | **streicheln** |
|---|---|---|---|
| (io) | accarezzo | ich | streichle |
| (tu) | accarezzi | du | streichelst |
| (lui/lei) | accarezza | er/sie | streichelt |
| (noi) | accarezziamo | wir | streicheln |
| (voi) | accarezzate | ihr | streichelt |
| (loro) | accarézzano | sie | streicheln |

Nach diesem Muster werden unter anderem konjugiert:

| amare | lieben |
|---|---|
| scopare | vögeln |
| sognare | träumen |
| guardare | ansehen |

## 1.4. Präsens der Hilfsverben *essere* und *avere*

| | **éssere** *sein* | | | | **avere** *haben* | | |
|---|---|---|---|---|---|---|---|
| (io) | sono | ich | bin | (io) | ho | ich | habe |
| (tu) | sei | du | bist | (tu) | hai | du | hast |
| (lui/lei) | è | er/sie | ist | (lui/lei) | ha | er/sie | hat |
| (noi) | siamo | wir | sind | (noi) | abbiamo | wir | haben |
| (voi) | siete | ihr | seid | (voi) | avete | ihr | habt |
| (loro) | sono | sie | sind | (loro) | hanno | sie | haben |

## 1.5. Häufige Wendungen mit *avere*

| avere fame | Hunger haben |
|---|---|
| avere sete | Durst haben |
| avere sonno | schläfrig sein |
| avere ragione | recht haben |
| avere paura | Angst haben |
| ho caldo | mir ist warm |
| ho freddo | mir ist kalt |

## 1.6. Das Perfekt (Vergangenheitsform)

Das Perfekt ist eine der beiden wichtigen Zeitformen der Vergangenheit. Die Bildung der Verbformen ist außerdem einfach: die gerade besprochenen Hilfsverben avere bzw. essere stehen zusammen mit einem meist unveränderten Partizip Perfekt. Erst mit dem Perfekt sind Diskussionen möglich, die den Liebenden nicht vorenthalten werden sollten. Dabei sei zunächst nicht an die weniger erquickenden Anwendungsmöglichkeiten gedacht, wenn das Perfekt bei quälenden Abrechnungen helfen muß (**Mi hai sempre rotto le palle con le tue...** *Du bist mir immer auf die Eier gegangen mit deinen...*, **non hai mai pulito il bagno** *du hast nie das Bad geputzt*). Im Zentrum des amourösen Diskurses stehen zu Beginn vielmehr die unendlichen Geschichten des eigenen Lebens, durch die wir uns dem/der Geliebten zugänglich machen. Den grandiosesten Einsatz aber hat das Perfekt immer noch dann, wenn es während einer Liebeserklärung den Ton angibt. Sätze wie **non ti ho mai dimenticato** *ich habe dich nie vergessen* oder **ti ho pensato giorno e notte** *ich habe an dich Tag und Nacht gedacht* geben dem Perfekt den unvergeßlichen Klang in der Erinnerung aller Liebenden.

Das Perfekt der meisten Verben auf -are wird ähnlich wie im Deutschen mit dem Hilfsverb **avere** (haben) und dem Partizip Perfekt (im Deutschen: gestreichelt, geträumt, geküßt) gebildet. Das Partizip Perfekt wird gebildet, indem der Infinitiv des Verbs um die Endung **-are** gekürzt und stattdessen **-ato** angehängt wird:

| Infinitiv | Verbstamm | Partizip Perfekt |
|---|---|---|
| accarezzare | accarezz- | accarezz**ato** |

Daraus ergibt sich folgende Konjugationstabelle:

| (io) | ho | accarezz**ato** | ich | habe | gestreichelt |
|---|---|---|---|---|---|
| (tu) | hai | accarezz**ato** | du | hast | gestreichelt |
| (lui/lei) | ha | accarezz**ato** | er/sie | hat | gestreichelt |
| (noi) | abbiamo | accarezz**ato** | wir | haben | gestreichelt |
| (voi) | avete | accarezz**ato** | ihr | habt | gestreichelt |
| (loro) | hanno | accarezz**ato** | sie | haben | gestreichelt |

## 1.7. Partizip Perfekt einiger wichtiger Verben

Es gibt eine Handvoll Verben, die in alltäglichen Gesprächen besonders häufig vorkommen. Sie werden noch heute zusammen mit ihrem Partizip Perfekt gelernt!

| Infinitiv | | Perfekt | |
|---|---|---|---|
| éssere | sein | sono stato | ich bin gewesen |
| vívere | leben | ho vissuto | ich habe gelebt |
| dire | sagen | ho detto | ich habe gesagt |
| fare | machen | ho fatto | ich habe gemacht |
| préndere | nehmen | ho preso | ich habe genommen |
| vedere | sehen | ho visto | ich habe gesehen |
| bere | trinken | ho bevuto | ich habe getrunken |
| méttere | legen | ho messo | ich habe gelegt |
| léggere | lesen | ho letto | ich habe gelesen |
| rídere | lachen | ho riso | ich habe gelacht |

Die Kenntnis der Partizipien des Perfekts ist extrem wichtig! Mit ihnen werden noch vier weitere Zeitformen gebildet, von denen drei besonders häufig gebraucht werden. Es sind dies erstens das Plusquamperfekt, die sogenannte Vorvergangenheit (vgl. Kapitel 4), das mit dem Hilfsverb im Imperfekt gebildet wird (**avevo fatto, avevi fatto, aveva fatto etc**: *ich hatte gemacht, du hattest gemacht, er hatte gemacht etc*), zweitens das Zweite Konditional, das mit dem Hilfsverb im Ersten Konditional gebildet wird (**avrei fatto, avresti fatto, avrebbe fatto etc**: *ich hätte gemacht, du hättest gemacht, er hätte gemacht etc*), drittens die Vorvergangenheit des Congiuntivo, die mit dem Hilfsverb im Congiuntivo des Imperfekts gebildet wird (**se avéssimo fatto, se aveste fatto, se avéssero fatto**; *wenn wir gemacht hätten, wenn ihr gemacht hättet, wenn sie gemacht hätten*). Weniger gebräuchlich ist das Zweite Futur, das mit avere im Ersten Futur gebildet wird (**avrò fatto, avrai fatto, avrà fatto etc**: *ich werde gemacht haben, du wirst gemacht haben, er wird gemacht haben etc*).

**DIE LISTE DER PARTIZIPIEN WIRD DAHER SOLANGE WIEDERHOLT, BIS SIE FEHLERFREI BEHERRSCHT WIRD!**

## 1.8. Die Verneinung der Verben

Die Liebenden gehen zwar meist positiv miteinander um *(ti amo!)*, doch gibt es zweifellos Zeiten, in denen auch die Verneinung, das Negative, vorherrscht: **non** ti amo **più** *ich liebe dich nicht mehr*. Die Verneinung der Verben ist im Italienischen kein schwieriges Kapitel. Dem deutschen Verneinungspartikel **nicht** entspricht **non**. Für Verneinungen wie *niemand, nichts, nie* müssen **non** plus **nessuno, niente** oder **mai** stehen. **Non** steht stets vor dem Verb bzw. dem Hilfsverb, die anderen Verneinungspartikel unmittelbar dahinter:

Beispiele:

| | |
|---|---|
| **non** ti amo | ich liebe dich **nicht** |
| **non** mi ami **più** | du liebst mich **nicht mehr** |
| **non** ama **nessuno** | er liebt **niemanden** |
| **non** vedo **niente** | ich sehe **nichts** |
| lei **non** mi accarezza **mai** | sie streichelt mich **nie** |
| **non** voglio **mai più** | ich will **nie mehr** |

Also:

| | |
|---|---|
| non | nicht |
| non ... nessuno | niemand |
| non ... niente | nichts |
| non ... mai | nie |
| non ... più | nicht mehr |
| non ... mai più | nie mehr |
| non ... più niente | nichts mehr |
| non ... più nessuno | niemand mehr |

## 1.9. c'è, ci sono

ci (seltener **vi**) bedeutet *dort*. **c'è** (ci + è) heißt *dort ist*. **esserci** wird also mit *dasein* oder mit *es geben* im Sinne von *vorhanden sein* übersetzt:

| | |
|---|---|
| **C'è** ancora pane? | **Gibt es** noch Brot? |
| No, non **c'è** più niente. | Nein ,**es gibt** nichts mehr. |

Beachte: anders als im Deutschen steht bei einer Vielzahl von Dingen die Pluralform **ci sono**:

| | |
|---|---|
| **Ci sono** ancora panini? | **Gibt es** noch Brötchen? |

# GRAMMATIK II

## 1.10. Das Substantiv (Hauptwort)

Substantive (Hauptwörter) bezeichnen die Dinge dieser Welt. Gemeint ist zum einen all das, was man sehen oder mit Händen greifen kann, entweder in unserer Welt, im Makro- oder im Mikrokosmos. Ferner zählen zu den Substantiven auch Ideen, Konzepte und Gefühle. Im Deutschen werden Substantive mit großen Anfangsbuchstaben geschrieben, im Italienischen im allgemeinen nicht. Während es im Deutschen drei Geschlechter gibt (männlich: **der** Mann, weiblich: **die** Frau, sächlich: **das** Kind), kennt das

Italienische nur eine männliche und eine weibliche Form. Beim Erlernen von italienischen Substantiven ist immer auf das Geschlecht zu achten, das oft ein anderes als im Deutschen ist: la luna (weiblich), der Mond (männlich); il sole (männlich), die Sonne (weiblich).

Die "greifbarsten", ja "faßbarsten" Substantive dieser Welt sind zweifellos die Liebenden selbst. Sie belegen sich denn auch mit einer Unzahl von Begriffen, die meist der Fauna, seltener der Flora entlehnt sind: topolina *kleine Maus*, fiorellino *kleines Blümchen*, cipollina *Zwiebelchen*, gattina *zärtliche Katze*, micio *Mieze*, passerotto *Spatz*.

## 1.11. Der bestimmte Artikel

Der bestimmte Artikel (auf deutsch: *der, die, das*) heißt il für männliche Substantive im Singular (Einzahl) und la für weibliche Substantive im Singular. Vor Substantiven mit vokalischem Anlaut (wenn also das Wort mit e-, i-, a-, o- oder u- beginnt) werden sowohl le als auch la zu l':

| | |
|---|---|
| il letto | das Bett |
| la tenerezza | die Zärtlichkeit |
| l'amore (männlich) | die Liebe |
| l'emozione (weiblich) | die Emotion |

Für männliche Substantive heißt der bestimmte Artikel im Plural i (vor vokalischem Anlaut gli), für weibliche Substantive le:

| | |
|---|---|
| i letti (männlich) | die Betten |
| gli uómini | die Männer |
| le lácrime (weiblich) | die Tränen |

## 1.12. Plural der Substantive

Oft enden im Italienischen männliche Substantive auf -o, weibliche auf -a. Zur Pluralbildung wird -o gegen -i, -a gegen -e ausgetauscht:

| Singular | | Plural | |
|---|---|---|---|
| il giorno | der Tag | i giorni | die Tage |
| il bacio | der Kuß | i baci | die Küsse |
| l'alunno | der Schüler | gli alunni | die Schüler |
| la parola | das Wort | le parole | die Wörter |
| la donna | die Frau | le donne | die Frauen |
| la lingua | die Sprache | le lingue | die Sprachen |

Wörter, die im Singular auf **-e** enden (sie können sowohl männlichen als auch weiblichen Geschlechts sein), erhalten im Plural ein **-i**:

| l'amor**e** | die Liebe | gli amor**i** | die Liebschaften |
| l'emozion**e** | die Emotion | le emozion**i** | die Emotionen |

## 1.13. Der unbestimmte Artikel

Der unbestimmte Artikel (auf deutsch: *ein, eine*) heißt **un** für männliche Substantive und **una** für weibliche Substantive. Vor vokalischem Anlaut wird una zu **un'** apostrophiert:

| **un** letto | ein Bett |
| **una** lácrima | eine Träne |
| **un'**emozione | eine Emotion |

## 1.14. Großschreibung

Groß geschrieben werden im Italienischen Eigennamen von Personen (Lidia, Rossana, Mario, Teresa, Dávide, Rosa, Fabrizio) oder juristischen Personen, ferner die Namen von Staaten (la Germania), geographische Namen (il Sahara), Buchtitel sowie Signora und Signore als Anrede und in Verbindung mit Titeln.

## 1.15. Der Fragesatz

Im Deutschen werden Fragesätze gewöhnlich gebildet, indem das Verb vor das Verbsubjekt tritt. Im Italienischen bleibt meist die Satzstellung des Aussagesatzes beibehalten. Fragesatz und Aussagesatz unterscheiden sich dann nur noch dadurch, daß im Fragesatz die Stimme gegen Ende des Satzes angehoben wird:

**Aussagesatz**

| Mi hai baciato. | Du hast mich geküßt. |
| Lei ti ha dimenticato. | Sie hat dich vergessen. |
| Avete tubato. | Ihr habt geschmust. |

**Fragesatz**

| Mi hai baciato? | Hast du mich geküßt? |
| Lei ti ha dimenticato? | Hat sie dich vergessen? |
| Avete tubato? | Habt ihr geschmust? |

## 1.16. Fragewörter

Die wichtigsten Fragewörter sind:

| | |
|---|---|
| chi? | wer? |
| chi? | wen? |
| dove? | wo, wohin? |
| da dove? | von wo? |
| perché? | warum? |
| come? | wie? |
| quando? | wann? |
| | |
| Dov'è andato? | Wohin ist er gegangen? |
| Come hai fatto questo? | Wie hast du das gemacht? |
| Perché mi bacia? | Warum küßt er mich? |

## 1.17. Zahlen, Uhrzeit

| Che ore sono? | | *Wie spät ist es?* |
|---|---|---|
| uno, una | 1 | E l'una. |
| due | 2 | Es ist ein Uhr. |
| tre | 3 | |
| quattro | 4 | Sono **le due.** |
| cinque | 5 | Es ist zwei Uhr. |
| sei | 6 | |
| sette | 7 | Sono le tre **e mezza.** |
| otto | 8 | Es ist halb vier (3 plus 1/2). |
| nove | 9 | |
| dieci | 10 | Sono le cinque **meno un quarto.** |
| undici | 11 | Es ist Viertel vor fünf (5 minus 1/4). |
| dodici | 12 | |

## Fazit

Das längste Grammatikkapitel dieses Buches liegt hinter dir! Zwei Zeitformen, Präsens und Perfekt, Substantive im Singular und Plural, Artikel bestimmt und unbestimmt, Fragewörter und 12 Zahlen: Was willst du mehr? In den nächsten Kapiteln geht es geruhsamer zu. Vokabeln aber gibt es stets zuhauf. Je mehr, desto besser.

# TIPS

## Einleitung

Sprache benennt die Dinge und Ideen dieser Welt und beschreibt, was diese Dinge und Ideen sich einander antun. Die Dinge beim Namen zu nennen, ist die größte Schwierigkeit beim Erlernen einer Fremdsprache. Ein langlebiges Gerücht behauptet zwar, mit wenigen hundert Wörtern könne man sich in Minimalkonversationen üben, unterschlägt allerdings, daß die Konversation dann so minimal wird, daß es keine mehr ist. Tatsächlich muß jeder, der es in einer Fremdsprache eines Tages zu einem vertretbaren Niveau bringen möchte, sich mit dem Gedanken vertraut machen, daß ein Mindestwortschatz sich in Tausenden von Wörtern rechnet und sicher näher bei 5000 Wörtern als bei 2000 liegt. Diese große Menge an neuen Begriffen so gründlich zu lernen, daß sie mühelos und ohne Zeitverlust aus Gehirn und Zunge herausfließen kann, bevor das Gespräch unwiederbringlich davongelaufen ist, verschlingt die meiste Zeit beim Erlernen einer Fremdsprache.

Wörter allein machen keine Sprache. Die Wörter müssen verändert und zu sinnvollen Sätzen zusammengestellt werden. Die Regeln, nach denen dies geschieht, stehen in der Grammatik. Betrachtet man den nötigen Lernaufwand, läßt sich die Grammatik des Italienischen in zwei große Aufgabengebiete einteilen: die erste Gruppe betrifft das Erlernen der Verbformen in allen Variationen (siehe hierzu TIPS in Kapitel II), die zweite Gruppe das, was von der Grammatik danach noch übrigbleibt (TIPS, Kapitel III). Die Beherrschung der Verbformen ist extrem wichtig. Wenn weiter oben im Anschluß an die Partizipien des Perfekts steht, daß diese solange gelernt werden, bis sie fehlerfrei aufgesagt werden können, so ist dies als sehr ernst zu nehmender Rat zu verstehen. Jede Konjugationstabelle eines Verbes (accarezzo, accarezzi, accarezza etc.) ist auf Anruf gedankenlos und ohne zu stocken herunterzubeten. Dieser Punkt ist nicht verhandlungsfähig!

## Zwischen Hügeln und Lenden

Bitte deine Lehrer, dir beim Konjugieren der folgenden Verben behilflich zu sein, die eine Reihe von Unregelmäßigkeiten aufweisen:

| | |
|---|---|
| pomiciare | (alles vor dem definitiven Petting) |
| succhiare | lutschen |
| leccare | lecken |

# 2.

## Obszönes?

Jedes Wort ist gut, wann immer
es von Verliebten gedacht wird.
Was nicht bedeutet, daß alles
schlecht sei, was unverliebt entsteht. Und dennoch sammelt
sich eine Menge Unrat in einer
Sprache an, es stamme aus der
Gosse, meinen manche, was
nicht stimmt. Am häßlichsten
sind Pöbeleien mit Alkohol im
Blut und Frust im Schwanz. Nie
werden wir sie gebrauchen.
Doch wenn wir sie kennen, können wir vielleicht -in ungefährli-
cher Situation- die Faust aufs
Auge setzen.

*Ho cento nomi, mille lingue
per leccare il culo del mondo.*

(Mario Mieli)

# Oscenità?

A scuola abbiamo imparato delle nuove parole. Scopare, succhiare, eccitarsi, fare un pompino, il cazzo, la fica, i coglioni, per dire soltanto le meno pesanti. I miei genitori si sono scandalizzati e hanno subito telefonato al preside della scuola per protestare.

Tra di noi, c'erano pareri differenti. Una ragazza è uscita dall'aula dicendo che il professore era un porco.

— Sono tutti fuori di testa quelli della sua generazione, ha detto.

— Non c'entra niente l'età, ha aggiunto un'altra. Tutti gli uomini sono dei maiali.

Non sono d'accordo con loro. Conosco molti ragazzi romantici che sognano una storia d'amore. Ma le ragazze hanno ragione quando dicono che i maschi pensano solo a quello. Almeno, è quello che fanno credere. A sentirli, passano tutto il giorno a scopare. Ora, l'amore non si limita al sesso, e lo sanno molto bene.

Quanto mi piacerebbe prendere una cotta! Incontrare una ragazza e avere l'impressione di riconoscerla, come se mi fosse stata mandata dal destino. Vivere un amore folle...

## Vorspann

| | |
|---|---|
| cento nomi | hundert Wörter |
| mille lingue | tausend Zungen |
| per | um zu |
| leccare | lecken |
| il culo | der Arsch |
| il culo del mondo | der Arsch der Welt |

## Text

| | |
|---|---|
| l'oscenità *f.*; Pl.: le oscenità | die Obszönität |
| a scuola | in der Schule |
| delle nuove parole | neue Wörter |
| scopare | vögeln |
| succhiare | lutschen |
| eccitarsi | sich erregen |
| fare un pompino | einen blasen |

| | |
|---|---|
| il cazzo | der Schwanz |
| la fica | die Möse |
| i coglioni | die Eier *fig.* |
| soltanto | nur |
| pesante | hier: schlimm |
| le meno pesanti | hier: die harmlosesten |
| i miei genitori | meine Eltern |
| scandalizzarsi | schockiert sein |
| si sono scandalizzati | sie waren schockiert |
| súbito | sofort |
| telefonare a | anrufen |
| il préside della scuola | der Schuldirektor |
| protestare | protestieren |
| tra di noi | unter uns |
| c'érano | es gab |
| il parere | die Meinung |
| differente | unterschiedlich, verschieden |
| una ragazza | ein Mädchen |
| uscire | hinausgehen |
| è uscita | sie ist hinausgegangen |
| l'aula | das Klassenzimmer |
| dicendo | sagend; hier: indem sie sagte |
| era | hier: er sei |
| il porco | das Schwein |
| fuori | draußen |
| la testa | der Kopf |
| éssere fuori di testa | total verrückt sein |
| quelli della sua generazione | die aus seiner Generation |
| l'età *f.* | das Alter |
| non c'entra niente l'età | das hat nichts mit dem Alter zu tun |
| aggiúngere *Part.Perf.:* aggiunto | hinzufügen |
| un'altra | eine andere |
| l'uomo *Plural:* gli uómini | der Mann |
| il maiále | das Schwein |
| tutti gli uómini sono maiali | alle Männer sind Schweine |
| éssere d'accordo con | einverstanden sein mit |
| con loro | mit ihnen |
| conóscere | kennen |
| conosco | ich kenne |
| molti ragazzi | viele Jungen |
| romántico | romantisch |
| che | Relativpronomen: der, die, das etc |
| sognare | träumen |
| la storia | die Geschichte |
| la storia d'amore | die Liebesgeschichte |
| avere ragione | recht haben |

| | |
|---|---|
| quando | wenn |
| dícono | sie sagen |
| che | daß |
| i maschi | die Jungen (als Gattung gedacht) |
| solo | nur |
| pénsano solo a quello | sie denken nur an das eine |
| almeno | wenigstens |
| è quello che fanno crédere | wörtlich: es ist das, was sie glauben machen |
| | = das lassen sie einen glauben |
| sentire | hören |
| a sentirli | wenn man sie so reden hört |
| passare | verbringen |
| tutto il giorno | den ganzen Tag |
| ora | hier: jedoch |
| limitarsi a | sich beschränken auf |
| il sesso | der Sex |
| lo sanno molto bene | sie wissen es ganz genau |
| quanto | wie sehr |
| mi piacerebbe | es würde mir gefallen |
| préndere una cotta | sich verknallen |
| vedere | sehen |
| avere l'impressione f. | den Eindruck haben |
| riconóscerla | sie wiedererkennen |
| come se | als wenn |
| come se mi fosse stato mandata | als sei sie mir geschickt worden |
| dal destino | vom Schicksal |
| vívere | leben |
| folle | verrückt |

# GRAMMATIK I

## 2.1. Präsens der Verben *andare* und *fare*

**andare** *gehen*

| (io) | vado |
|---|---|
| (tu) | vai |
| (lui/lei) | va |
| (noi) | andiamo |
| (voi) | andate |
| (loro) | vanno |

Part.Perf.: andato

**fare** *machen*

| (io) | faccio |
|---|---|
| (tu) | fai |
| (lui/lei) | fa |
| (noi) | facciamo |
| (voi) | fate |
| (loro) | fanno |

fatto

Noch einmal: "Konjugationstabellen" dieser Art warten auf dich das ganze Buch hindurch. Konjugieren bedeutet "beugen", aus der Infinitivform eines Verbes (**fare** *machen*) werden die Personenformen gebeugt: ich mache, du machst, er/sie macht, wir machen, ihr macht, sie machen. Denke daran, daß sich hinter jedem Infinitiv eine Unzahl von unterschiedlichen Formen verbirgt. Während eines Gesprächs müssen diese in Sekundenschnelle abgeleitet werden. Für Nachdenken bleibt meist keine Zeit.

Häufig vorkommende Wendungen mit *fare*:

| | |
|---|---|
| fare l'amore | miteinander schlafen |
| fare la spesa | einkaufen gehen |
| fare la pipi | Pipi machen |
| far tardi | sich verspäten |
| far bene | gut tun |
| far vedere | zeigen |

## 2.2. Veränderlichkeit des Partizips Perfekt von *andare*

**Andare** bildet, wie übrigens auch das Verb *gehen* im Deutschen, das Partizip Perfekt mit dem Hilfsverb *essere*: **sono andato** *ich bin gegangen*. Bei diesen Verben richtet sich die Endung des Partizips Perfekt **andato** in Geschlecht und Zahl nach dem Satzsubjekt. Ist dieses weiblich, wird die Endung **-o** durch **-a** ersetzt: **andata**. Im Plural wird **-o** bei männlichen Subjekten in **-i**, bei weiblichen in **-e** gewandelt: **andati**, **andate**. Beispiele:

| | |
|---|---|
| **Lui** è andat**o** dalla sua amica. | Er ist zu seiner Freundin gegangen. |
| **Lei** è andat**a** dal suo amico. | Sie ist zu ihrem Freund gegangen. |

I due amici sono andat**i** dalla loro amica.
Die beiden Freunde sind zu ihrer Freundin gegangen.

Le due amiche sono andat**e** dal loro amico.
Die beiden Freundinnen sind zu ihrem Freund gegangen.

## 2.3. Das Perfekt mit *essere*

Die Zahl der Verben, die das Perfekt mit dem Hilfsverb essere bilden, ist klein. Einige dieser Verben beschreiben eine Bewegung. Da auch der intimste Akt sexueller Annäherung eine bewegende Handlung ist, überrascht es nicht, daß die meisten Verben in der unmittelbaren oder übertragenen Bedeutung auch sexuell mißverstanden werden können. Bei den Verben **entrare** *hineingehen*, **rientrare** *wieder hineingehen*, **uscire** *hinausgehen* wird dies besonders deutlich, jedoch suggerieren auch **salire** *hochgehen* oder **scéndere** *hinabgehen* die Wege zum und weg vom Höhepunkt aller Sinnlichkeit. Auch **rimanere** *bleiben* fügt sich in diese Aufzählung, als Zustand nach dem **venire** *kommen*, wenn die Spannung wieder abgefallen ist, **cadere** *fallen*. Poetischer würde man vom Orgasmus aber als **morire** *sterben* sprechen. Bei frühzeitigem Abbruch der Handlung im Sinne einer Ejaculatio praecox wäre hingegen wieder **venire** das adäquate Verb.

Beispiele:

| | |
|---|---|
| E venuto troppo presto. | Er ist zu früh gekommen (Orgasmus). |
| Sei entrato troppo in fretta. | Du bist zu schnell hineingegangen. |
| Sono venuto troppo presto. | Ich bin zu früh gekommen. |

## 2.4. Präsens der Verben auf -ere

**véndere** *verkaufen*

vend**o** ich kaufe
vend**i** du kaufst
vend**e** er/sie kauft

| | |
|---|---|
| vend**iamo** | wir kaufen |
| vend**ete** | ihr kauft |
| vénd**ono** | sie kaufen |

Das Partizip Perfekt erhalten wir durch Abstreichen von -ere vom Infinitiv und Anhängen von **-uto**: ho vend**uto** *ich habe verkauft*.

## 2.5. Präsens der Verben auf -ire

Es gibt zwei Arten von Verben auf -ire. Die eine Gruppe hat die gleichen Endungen wie die gerade besprochenen Verben auf -ere, mit der Ausnahme, daß in der 2.Person Plural -ite statt -ete angehängt wird:

**dormire** *schlafen*

dorm**o** ich schlafe
dorm**i** du schläfst
dorm**e** er/sie schläft

| | |
|---|---|
| dorm**iamo** | wir schlafen |
| dorm**ite** | ihr schlaft |
| dórm**ono** | sie schlafen |

Wie **dormire** werden konjugiert:

| | |
|---|---|
| sentire | hören |
| servire | bedienen |
| vestire | ankleiden |

Die zweite Gruppe auf -ire fügt in den stammbetonten Formen des Präsens -dies sind die drei Singularformen und die 3.Person Plural- zwischen Stamm- und Personalendung **-isc-** ein:

**capire** *verstehen*

| | |
|---|---|
| capisco | ich verstehe |
| capisci | du verstehst |
| capisce | er/sie versteht |
| capiamo | wir verstehen |
| capite ihr versteht | |
| capíscono | sie verstehen |

Wie **capire** werden konjugiert:

| | |
|---|---|
| agire | handeln, agieren |
| finire | beenden, enden |
| sparire | verschwinden |

## 2.6. Wichtige Partizipien des Perfekts

| | Infinitiv | Partizip Perfekt |
|---|---|---|
| vortäuschen | fíngere | finto |
| überzeugen | persuadere | überzeugen |
| verlieren | pérdere | perso |
| verschließen | chiúdere | chiuso |
| verstecken | nascóndere | nascosto |

# GRAMMATIK II

## 2.7. Das Adjektiv (Eigenschaftswort)

Adjektive beschreiben die Eigenschaften von Substantiven. Damit erhalten sie eine zentrale Position in den Äußerungen der Verliebten, denn nichts tun diese lieber, als sich gegenseitig eine Fülle wahrer oder imaginärer Eigenschaften zuzuschreiben. Zu Beginn wird die/der Angebetete in Gedanken überhöht, ist immer **bello/bella** *schön*, **ténero/ténera** *zärtlich* und **appassionato/appassionata** *leidenschaftlich*. Im Laufe der Zeit kann sich unter diese sonnigen Farben Bodenständigeres mischen, Wörter wie **prudente** *vorsichtig*, **serio/seria** *ernsthaft* oder **generoso/generosa** *großzügig* deuten die weniger oberflächliche Kenntnis des Partners an. Adjektive können aber auch scharfe Waffen bei partnerschaftlichen Auseinandersetzungen sein, wenn ins Repertoire der schrillen Töne gegriffen wird. **Avaro/avara** *geizig* gehört hier noch zu den benigneren Formen, bei **cattivo/cattiva** *böse* oder **vile** *feige*, spätestens bei **infedele** *untreu* hört der Spaß schnell auf.

Das Adjektiv richtet sich in jedem Fall in Geschlecht und Zahl nach seinem Bezugswort. Es spielt dabei keine Rolle, ob das Adjektiv prädikativ (la donna è bella *die Frau ist schön*) oder attributiv (la bella donna *die schöne Frau*) gebraucht wird.

## 2.8. Wichtige Zeitbegriffe

Die Zeit ist eine essentielle Dimension der Liebenden. In Stunden zählen sie, wie weit es noch bis zum nächsten Treffen ist, an verheißungsvolle Wochentage klammern sie sich wie an Rettungsringe. Das Handwerkszeug:

| | |
|---|---|
| stanotte | heute Nacht |
| stasera | heute Abend |
| stamattina | heute Morgen |
| questo pomeriggio | heute Nachmittag |
| domani | morgen |
| domani sera | morgen Abend |
| ieri | gestern |
| ieri mattina | gestern morgen |
| dopodomani | übermorgen |
| avantieri | vorgestern |
| lunedì | Montag |
| martedì | Dienstag |
| mercoledì | Mittwoch |
| giovedì | Donnerstag |
| venerdì | Freitag |
| sábato | Samstag |
| doménica | Sonntag |
| l'último fine settimana | letztes Wochenende |
| il mese próssimo | nächsten Monat |
| l'anno próssimo | nächstes Jahr |

# Fazit

Das Verb *fare* mit wichtigen Wendungen (fare l'amore, fare la spesa etc), Verben auf -ere und -ire, schließlich die grandiose Welt der Adjektive und Bestimmungen der Zeit: die Dinge gerieten in Bewegung, wir schmückten sie aus, die Zeit wurde geordnet!

# TIPS

## Verbformen

Im letzten Kapitel wurde an dieser Stelle schon betont, wie wichtig die Kenntnis der Verbformen ist. Der Fallstrick ist folgender: in den Wortlisten steht in der Regel nur

baciare                                     küssen

Nicht dabei steht, daß sich hinter *baciare* zunächst drei Personenformen im Singular (bacio, baci, bacia) und drei Personenformen im Plural (baciamo, baciate, báciano) verbergen. Dabei ist dies nur das Präsens, die Gegenwart, die erste Zeitform. Von diesen Zeitformen gibt es aber mindestens 9 weitere, die im Alltag gebräuchlich sind. Schon im übernächsten Kapitel wird die Zeitform des Imperfekts vorgestellt. Weitere 6 Formen (dreimal Singular, dreimal Plural) müssen gelernt werden: **baciavo, baciavi, baciava, baciavamo, baciavate, baciávano**. Noch später folgen die Zeitformen des Futur, des Konditionals und des Congiuntivo. Ein Blick in die zahlreichen Konjugationstabellen des Buches gibt dir ein Gefühl für die möglichen Abänderungen der Verben, die sich so unauffällig in die Liste der anderen viel weniger variablen Wörter der Wortlisten einreihen.

Den Anfängern mögen Verben wie Fässer ohne Boden vorkommen. Tatsächlich sind sie tief, ein Boden ist dennoch da. Glücklicherweise gibt es Regeln, nach denen man sich die einzelnen Zeitformen, ausgehend vom Infinitiv und einigen Präsensformen, konstruieren kann. Für schriftliche Prüfungen reicht meist die Kenntnis der Regeln und ihrer Ausnahmen. Die Verbformen können nach diesen Regeln mit einiger Überlegung abgeleitet werden. Für mündliche Prüfungen und Unterhaltungen auf Italienisch müssen die Verbformen jedoch nicht nur abgeleitet, sondern **sehr schnell abgeleitet** werden können. Eure Gesprächspartner verlieren die Geduld, wenn ihr für die Konstruktion der 2.Person Plural im Konditional I eine halbe Minute benötigt. Um die notwendige Schnelligkeit zu erreichen, gibt es nur ein Mittel: üben, üben und abermals üben, Konjugationstabellen beten, predigen oder verwünschen, ganz gleich, am besten aber laut vor sich hin, auf die Gefahr, der Umwelt auf die Nerven zu gehen. Aus all diesen Gründen werden am Anfang der Grammatikkapitel zwei Verben im Präsens vorgestellt. Den wichtigsten Zeitformen (Gegenwart, Vergangenheit, Zukunft) begegnest du schon in den ersten Kapiteln. Die Gefahr mag bestehen, daß du damit überfordert wirst. Dieser Gefahr kannst du nur entgehen, indem du alle Konjugationstabellen am besten täglich bis zur Perfektion wiederholst. Je schneller du dies leistest, umso weniger laufen dir später die wichtigen Gespräche davon, umso mehr Zeit bleibt für lebens- bzw. liebeswichtige Nuancen amouröser Verspieltheiten und Auseinandersetzungen.

## Zwischen Hügeln und Lenden

Laß dir von deinen Lehrern den situativen Gebrauch folgender Wörter erläutern:

| | |
|---|---|
| la vagina | die Vagina |
| il clitóride | die Klitoris |
| il pene | der Penis |
| le nátiche | der Po |
| i seni | die Brust |
| la coscia | der Oberschenkel |
| l'ombélico | der Bauchnabel |
| la pancia | der Bauch |
| la schiena | der Rücken |

# 3.

## Liebe auf den ersten Blick

Es braucht keine Schwüle, wei-
ßes Strandlicht oder den wohli-
gen Sonnenpelz auf der Haut,
doch sie alle fördern es: Ohn-
macht vor der Erkenntnis, Gän-
sehaut aus Verzücken,
Glasaugen in der Erstarrung, die
Liebe auf den ersten Blick! Eine
Sternstunde der Lebensge-
schichte zweifellos, und manche
pokern das letzte Hemd, auf daß
es nicht beim solitären Gefühl
bleibe. Der Rest der Welt stürzt
derweil in die Belanglosigkeit.
Die so frisch Überwältigten werden zu Drogenabhängigen, die
Liebe ist der Stoff, die Prognose
trotz aller Dramatik meist nicht
infaust.

E io che passeggio con te.
Io che posso prenderti per mano.
Io che mi brucio di te
nel corpo, nella mente.

(Giovanni Giudice, *Ciao, Sublime*)

# Colpo di fulmine

L'ho vista ed è stato un colpo di fulmine! Sinceramente non è da me
infatuarmi così di una ragazza, ma da quella sera non capisco più niente,
non dormo, non mangio... insomma, non ho che lei in testa.

L'ho conosciuta ad una festa organizzata da un amico. Io ero rimasto senza
benzina ed ero arrivato in ritardo, per giunta bagnato fradicio perché
pioveva.

La festa era al culmine e ho cercato disperatamente un viso familiare. Non
conoscevo nessuno e il mio amico era introvabile. Ad un tratto lei è apparsa
e l'ho sorpresa mentre mi osservava in silenzio. Aveva degli occhi grandis-
simi, un sorriso smagliante. Doveva essere di origine creola. Una vera
bellezza!

Le gambe non mi reggevano. Sono riuscito a dirle "Ciao" con una voce
tremante, ma non ho sentito alcuna risposta. Ho visto solamente che
sorrideva. Prima ancora di aver il tempo di dire qualcosa, lei era scompar-
sa. Non l'ho più rivista. Non so neanche chi è, né dove abita. Come posso
fare per ritrovarla? Spero che il mio compagno riuscirà a scovare il suo
indirizzo. C'è da impazzire!

## Vorspann

| | |
|---|---|
| passeggiare | spazieren gehen |
| préndere per mano | bei der Hand nehmen |
| bruciare | brennen |
| il corpo | der Körper |
| nel corpo | im Körper |
| la mente | der Geist |

## Text

| | |
|---|---|
| il colpo | der Schlag |
| il fúlmine | der Blitz |
| il colpo di fúlmine | die Liebe auf den ersten Blick |
| l'ho vista | ich habe sie gesehen |
| sinceramente | ehrlich gesagt |

| | |
|---|---|
| non è da me | es ist nicht meine Art |
| infatuarsi di | sich begeistern für |
| così | so |
| da quella sera | von jenem Abend an |
| capire | verstehen |
| non capisco più niente | ich verstehe nichts mehr |
| dormire | schlafen |
| mangiare | essen |
| insomma | hier: also |
| la testa | der Kopf |
| non ho che lei in testa | ich habe nur sie im Kopf |
| conóscere | kennenlernen; kennen |
| la festa | das Fest |
| organizzare | organisieren |
| organizzata da | organisiert von |
| l'amico | der Freund |
| rimanere; *Part.Perf:* rimasto | bleiben |
| senza | ohne |
| la benzina | das Benzin |
| ero rimasto senza benzina | ich hatte kein Benzin mehr gehabt |
| ed | e = und |
| ero arrivato | ich war angekommen |
| in ritardo | mit Verspätung |
| per giunta | außerdem |
| bagnare | naß machen |
| bagnato frádicio | bis auf die Haut durchnäßt |
| perché | weil; warum |
| pióvere | regnen |
| pioveva | es regnete |
| era | er/sie/es war |
| éssere al cúlmine | auf dem Höhepunkt sein |
| cercare | suchen |
| disperatamente | verzweifelt |
| il viso | das Gesicht |
| familiare | vertraut |
| non conoscevo nessuno | ich kannte niemanden |
| il mio amico | mein Freund |
| introvábile | unauffindbar |
| ad un tratto | plötzlich |
| apparire; *Part.Perf.:* apparso | erscheinen |
| lei era apparsa | sie war erschienen |
| sorpréndere; *Part.Perf.:* sorpreso | überraschen |
| l'ho sorpresa | ich habe sie überrascht |
| mentre | während |
| osservare | beobachten |
| mi osservava | sie beobachtete mich |

| | |
|---|---|
| il silénzio | die Ruhe; das Schweigen |
| in silénzio | schweigend |
| aveva | er/sie/es hatte |
| l'occhio; *Pl.:* occhi | das Auge |
| grande | groß |
| grandíssimo | sehr groß |
| aveva degli occhi grandíssimi | sie hatte sehr große Augen |
| il sorriso | das Lächeln |
| smagliante | leuchtend, funkelnd |
| doveva | er/sie/es mußte |
| l'orígine *f.* | die Herkunft |
| di orígine creola | von den Antillen stammend |
| vero | wahr |
| la bellezza | die Schönheit |
| la gamba | das Bein |
| réggere | tragen |
| non mi reggévano | trugen mich nicht mehr |
| sono riuscito a dirle | es mit gelungen, ihr zu sagen |
| la voce | die Stimme |
| tremante | zitternd |
| sentire | hören |
| alcuno | kein |
| la risposta | die Antwort |
| solamente | nur |
| sorrídere; *Part.Perf.:* sorriso | lächeln |
| sorrideva | er/sie/es lächelte |
| prima ancora di | hier: bevor ich noch |
| aver il tempo di | Zeit haben, zu |
| qualcosa | etwas |
| scomparire; *Part.Perf.:* scomparso | verschwinden |
| rivedere; *Part.Perf.:* rivisto | wiedersehen |
| neanche | nicht einmal |
| chi è | wer sie ist |
| né | noch |
| dove | wo; wohin |
| abitare | wohnen |
| come | wie |
| come posso fare | was kann ich tun |
| per | um zu |
| ritrovare | wiederfinden |
| per ritrovarla | um sie wiederzufinden |
| sperare | hoffen |
| il mio compagno | mein Freund |
| riuscirà a | es wird ihm gelingen zu |
| scovare | ausfindig machen |

| il suo indirizzo | ihre Adresse |
|---|---|
| impazzire | verrückt werden |
| c'è da impazzire | das ist zum Verrücktwerden |

# GRAMMATIK I

## Aussicht

Der Imperativ steht auf dem Programm, im Guten wie im Bösen, im sinnlich Aufregenden wie im schamlos Verletzenden: eines der faszinierendsten Grammatikkapitel überhaupt. Dann folgt das Personalpronomen, das der Handlung oft erst die Richtung anzeigt, wieder im Guten wie im Bösen. Und schließlich lernst du die reflexiven Verben kennen, das Traumschloß der Gleichzeitigkeit und des fein abgestimmten Miteinanders.

## 3.1. Präsens der Verben *volere* und *sapere*

| volere *wollen* | | sapere *wissen* | |
|---|---|---|---|
| (io) | voglio | (io) | so |
| (tu) | vuoi | (tu) | sai |
| (lui/lei) | vuole | (lui/lei) | sa |
| (noi) | vogliamo | (noi) | sappiamo |
| (voi) | volete | (voi) | sapete |
| (loro) | vógliono | (loro) | sanno |
| Part.Perf.: voluto | | saputo | |

## 3.2. Der Imperativ *(Befehlsform)*

Der Imperativ scheint auf den ersten Blick belanglos. Nichts sollte den Liebenden ferner liegen, als sich Dinge zu befehligen. In der Tat fehlen Formulierungen wie *Mach das!* oder *Laß das jetzt sein!* in den allerersten Phasen des Liebeslebens. Während des "Werbens" sind alle Aussagen noch in watteweiche Grammatikstrukturen gebettet, fernab des bestimmteren, oft harscheren Imperativ. Wie so oft macht letztlich der Ton die Musik. Zunächst noch romantisch (**dammi un bacio!** *gib mir einen Kuß!*, **spógliami!** *zieh mich aus!*) oder in zärtlicher Umarmung sinnlich (**vieni!** *komm!*), zeigt der Imperativ früh ungeduldige, wenn nicht gar ungehaltene Komponenten. Ein scharfes **sméttila!** *hör auf!* erstickt Annäherung im Keim, ein **ti puoi vestire!** *du kannst dich anziehen!* kann außerhalb des Krankenhausmilieus ausgesprochen kränkend sein. Verben sind zur Formulierung des im weiteren Sinne verstandenen Imperativ nicht zwingend vorgeschrieben. **Non così in fretta!** *nicht so schnell!*, **non così!**, *nicht so!*, **adesso no!** *nicht jetzt!* oder **stasera no!** *nicht heute abend!* unterstellen ein imaginäres Verb. Die zitierten Beispiele sind übrigens auch außerhalb des Liebeslebens gebräuchlich.

Der Imperativ des Singulars ist mit der 2. Person Singular der Verben identisch:

| 2. Person Singular | | Imperativ | |
|---|---|---|---|
| dormi | du schläfst | **dormi!** | schlaf! |
| fai | du machst | **fai!** | mach! |
| chuidi | du schließt ab | **chuidi!** | schließ ab! |
| scrivi | du schreibst | **scrivi!** | schreib! |
| chiedi | du fragst | **chiedi!** | frag! |

Eine Ausnahme bilden die Verben auf **-are**. Sie bilden den Imperativ des Singulars mit der 3. Person Singular:

| 3. Person Singular | | Imperativ | |
|---|---|---|---|
| (lui) guarda | er schaut | **guarda!** | schau! |
| (lei) mangia | sie ißt | **mangia!** | iß! |
| (lui) lo bacia | er küßt ihn | **bacialo!** | küß ihn! |
| (lei) racconta | sie erzählt | **racconta!** | erzähl! |

Der Imperativ des Plurals wird für alle Verben mit der 2. Person des Plurals gebildet:

| 2. Person Plural | | Imperativ | |
|---|---|---|---|
| pensate | ihr denkt nach | **pensate!** | denkt nach! |
| dormite | ihr schlaft | **dormite!** | schlaft! |
| aspettate | ihr wartet | **aspettate!** | wartet! |
| baciate | ihr küßt | **baciate!** | küßt! |

Zur Verneinung dieser Pluralformen wird lediglich **non** vorangestellt:

| | | |
|---|---|---|
| | **non scopate!** | vögelt nicht! |
| | **non leccate!** | leckt nicht! |

Zur Verneinung der Singularformen des vertraulichen Imperativs (geh nicht! trink nicht!) wird **non** mit der Infinitivform gepaart:

|  |  |
|---|---|
| **non andare!** | geh nicht! |
| **non bere!** | trink nicht! |
| **non fare così!** | mach das nicht so! |

Um einen höflichen Imperativ auszudrücken (kommen Sie! warten Sie! etc), benötigt man im Italienischen Präsensformen im Congiuntivo. Diese werden erst in der zweiten Hälfte dieses Buches vorgestellt.

### 3.3. Wichtige Partizipien des Perfekts

|  | **Infinitiv** | **Partizip Perfekt** |
|---|---|---|
| bleiben | rimanere | rimasto (essere) |
| zerbrechen | rómpere | rotto |
| weinen | piángere | pianto |
| auswählen | scégliere | scelto |
| schreiben | scrívere | scritto |

# GRAMMATIK II

### 3.4. Die Personalpronomen *(persönliche Fürwörter)*

Personalpronomen sind Ersatzwörter. Die ersten Pronomen kennen wir schon aus dem ersten Kapitel: **io, tu, lui, lei, noi, voi, loro.** Sie stehen stellvertretend für unsere Namen, also pro nomen, damit wir die Dinge der Welt, uns selbst inklusive, nicht immer beim vollen Namen zu nennen brauchen.

Io, tu, lui etc. werden als Subjekte eines Satzes gebraucht, von ihnen geht die Handlung des Satzes aus. Nun gibt es aber auch Personalpronomen, die auf der Objektseite eines Satzes stehen. Sie stehen stellvertrend für die Personen oder Dinge, an denen eine Handlung vollzogen wird. Im Deutschen heißen diese Personalpronomen *mich, dich, ihn, sie, uns, euch, sie* für den Akkusativ und *mir, dir, ihr, ihm, uns, euch, ihnen* für den Dativ.

Wo wird mehr und intensiver gehandelt und wo lassen vor allem (Liebes-) Objekte bereitwilliger und großzügiger Handlungen an sich vollziehen als im Zentrum amouröser Geschäftigkeit! Es nimmt daher kaum Wunder, daß die Maîtrise der Personalpronomen auf der einen Seite lebenswichtig für die Liebenden ist, auf der anderen Seite aber auch schnell und mühelos erreicht wird. Der Prototyp aller hingebungsvollen Sätze *ti amo* dient als Matrix für unendliche Variationen.

Die Formen für den Akkusativ:

| | |
|---|---|
| **mi** báciano | sie küssen **mich** |
| **ti** báciano | sie küssen **dich** |
| **lo** báciano | sie küssen **ihn** |
| **la** báciano | sie küssen **sie** |
| **ci** báciano | sie küssen **uns** |
| **vi** báciano | sie küssen **euch** |
| **li** báciano | sie küssen **sie** (Männer) |
| **le** báciano | sie küssen **sie** (Frauen) |

Die Formen für den Dativ:

| | |
|---|---|
| **mi** léccano | sie lecken **mir** |
| **ti** léccano | sie lecken **dir** |
| **gli** léccano | sie lecken **ihm** |
| **le** léccano | sie lecken **ihr** |
| **ci** léccano | sie lecken **uns** |
| **vi** léccano | sie lecken **euch** |
| **gli** léccano | sie lecken **ihnen** |
| (léccano **loro** | sie lecken **ihnen**) |

Folgende Besonderheiten sind beim Gebrauch der Personalpronomen zu beachten:

1. Das Personalpronomen steht, anders als im Deutschen, immer vor den Verben oder Hilfsverben. Eine Ausnahme ist die 3. Person Plural des Dativs, wo es statt **gli léccano** seltener auch **léccano loro** heißen kann.

2. In verneinten Sätzen steht **non** noch vor den Personalpronomen:

| | |
|---|---|
| **non** mi accarezza più | er streichelt mich nicht mehr |
| lei **non** mi ha mai accarezzato | sie hat mich nie gestreichelt |

3. Vor nachfolgendem **ho, hai, ha, hanno** wird **lo** und **la** zu **l'** apostrophiert:

| | |
|---|---|
| **L'**ho visto. | Ich habe **ihn** gesehen. |

Aus dem letzten Beispielsatz wird auch ersichtlich, welche Reihenfolge in den zusammengesetzten Zeiten einzuhalten ist:

1. Verneinungpartikel **non**
2. Personalpronomen **mi, ti, lo, la, gli, le, ci, vi, li, le, gli**
3. Hilfsverb oder Verb

In den bisherigen Texten sind Personalpronomen schon mehrfach vorge-
kommen: **ci** ha detto, **ci** ha dato, lei **mi** guardava, **mi** ha chiesto, **mi** ha
interrotto, **ci** ha spiegato.

## 3.5. Zwei Personalpronomen vor dem Verb

In welcher Reihenfolge zwei Personalpronomen beim Verb stehen (z.B.
er hat **es mir** gegeben), wird an späterer Stelle im Detail erklärt. Hier seien
nur einige Beispiele für besonders häufige Konstellationen gegeben:

| | |
|---|---|
| **Me** l'ha dato. | Er hat **es mir** gegeben. |
| **Te** l'ha detto. | Sie hat **es dir** gesagt. |
| **Ve** l'ho raccontato. | Ich habe **es euch** erzählt. |
| **Ce li** faranno vedere. | Sie werden **sie uns** zeigen. |

Anders als im Deutschen steht im Italienischen in diesen Beispielsätzen
das indirekte Objekt (mi, ti, vi, ci) vor dem direkten Objekt (l',li). Beachte,
daß me, te, vi und ci in diesen Zusammenstellungen zu **me, te, ve** und **ce**
werden.

## 3.6. Die reflexiven Verben *(Rückbezügliche Verben)*

Reflexive Verben beschreiben eine Handlung des Satzsubjekts, die sich
selbst zum Ziel hat: *ich wasche mich*. Außerdem beschreiben sie Handlungen, die mehrere Subjekte gleichzeitig und aufeinander ausgerichtet
ausüben. Gerade diese letzte Kategorie paßt so gut auf die Beschreibung
verliebter Aktivitäten, ist doch kaum etwas gleichzeitiger und gleichge-
sinnter! Ob **si guárdano** *sie sehen sich an*, **si báciano** *sie küssen sich*, **si
rótolano** *sie rollen sich* oder **si léccano** *sie lecken sich*: gleiches zur gleichen
Zeit mit dem gleichen Ziel zu tun ist selten so fein aufeinander abgestimmt
wie in den Augenblicken intimer Zurückgezogenheit.

In Vokabellisten stehen die Infinitive der reflexiven Verben meist mit
nachgestelltem si: baciarsi *sich küssen*. Zur Konstruktion der reflexiven
Formen eines Verbs werden die gerade vorgestellten Personalpronomen
verwendet:

| sbagliarsi | sich täuschen |
|---|---|
| **mi** sbaglio | ich täusche **mich** |
| **ti** sbagli | du täuschst **dich** |
| **si** sbaglia | er/sie täuscht **sich** |
| **ci** sbagliamo | wir täuschen **uns** |
| **vi** sbagliate | ihr täuscht **euch** |
| **si** sbágliano | sie täuschen **sich** |

Bedenke, daß **anders als im Deutschen** das Perfekt der reflexiven Verben immer mit dem Hilfsverb **essere** gebildet wird:

| **mi sono** sbagliato | ich **habe mich** getäuscht |
|---|---|
| **ti sei** sbagliato | du **hast dich** getäuscht |
| lui **si è** sbagliato | er **hat sich** getäuscht |
| lei **si è** sbagliata | sie **hat sich** getäuscht |
| **ci siamo** sbagliati | wir **haben uns** getäuscht |
| **vi siete** sbagliati | ihr **habt euch** getäuscht |
| **si sono** sbagliati | sie **haben sich** getäuscht (m) |
| **si sono** sbagliate | sie **haben sich** getäuscht (f) |

Beachte, daß die Personalpronomen **mi, ti, si, ci, vi** immer vor dem Verb bzw. Hilfverb stehen, ferner, daß die Endung des Partizips Perfekt von *sbagliare* entsprechend dem Geschlecht und der Zahl des Subjekts verändert wird.

## 3.7. Wichtige Ortsbestimmungen

Verliebte sollten in der Lage sein, den Ort des nächsten Treffens zu vereinbaren. Dies ist schon in der eigenen Sprache nicht immer leicht. Man sitzt dann in zwei verschiedenen Cafés, mit Druck auf dem Magen und Zweifeln im Hirn. Damit dies nicht geschehe:

| qui | hier |
|---|---|
| lì | dort |
| tra | zwischen |
| su | auf |
| sotto | unter |
| davanti a | vor |
| dietro | hinter |
| dentro | drinnen, hinein |

| | |
|---|---|
| fuori | draußen, hinaus |
| a fianco a | daneben |
| giù | unten |
| su | oben |
| a sinistra | links |
| a destra | rechts |
| in mezzo a | mitten in |
| vicino a | neben |

## Fazit

Das wichtige Wollen und Wissen, der Imperativ mit seiner ambivalenten Funktion im Grenzgebiet zwischen zärtlicher Aufforderung und barscher Ablehnung und, als Krönung zum Schluß, die Personalpronomen für prägnante Liebeserklärungen und gleichatmendes und bewegungssynchrones Handeln: mit diesem Kapitel ist dir ein wichtiger Durchbruch in den Schlüsselbereichen des Aufeinander-Agierens gelungen!

# TIPS

## Rest-Grammatik

Im ersten Kapitel wurde eine Dreiteilung des anstehenden Lernaufwandes angedeutet: Wortschatz, Verbformen und Rest-Grammatik. Die Verbformen beschreiben, wie gehandelt wird (die Art der Handlung, die Zeit sowie den Modus, ausgeübt oder erlitten). Was danach die Grammatik noch beschreiben muß, sind erstens die Handelnden selbst, zweitens Ort und Zeit der Handlung, drittens grundlegende Regeln, in welcher Reihenfolge die Wörter innerhalb eines Satzes angeordnet werden. Diese Rest-Grammatik soll hier kurz beschrieben werden. Vorausgeschickt sei aber, daß das Erlernen ihrer Regeln weniger Zeit in Anspruch nimmt als das Erlernen sowohl eines adäquaten Wortschatzes als auch der Variationsbreite der Verben in allen Zeitformen.

Einige wichtige Punkte der Rest-Grammatik sind schon abgehakt. Du weißt, daß Substantive Hauptwörter sind und nach welchen relativ einfachen Regeln sie den Plural bilden. Du weißt, wie der bestimmte und der unbestimmte Artikel für männliche und weibliche Substantive heißen, du bist aber vor allem in der Lage, die Substantive mit Adjektiven näher zu charakterisieren. In diesem Kapitel schließlich hast du mit den Personalpronomen das Handwerkzeug bekommen, Sätze noch kürzer zu machen, indem du das Objekt nicht immer beim Namen zu nennen brauchst, sondern sie mit den kürzeren *ihn, ihr, ihnen, euch* etc ersetzen kannst.

Die Aufgabe der Rest-Grammatik ist im wesentlichen also dies: die Handelnden zu beschreiben. Ist es einer allein oder sind es mehrere (Zahlwörter)? Unbestimmt oder bestimmt (unbestimmter oder bestimmter Artikel)? Ist es ein Element in einer Reihe anderer Elemente (Aufzählung: *der vierte, fünfte etc*)? Welche Eigenschaften haben die Handelnden (Adjektive)? Will ich auf sie hinweisen (Demonstrativpronomen: *dieser, diese, dieses*; Kapitel 4)? Sagen, daß ein Objekt mir gehört (Personalpronomen: *mein, meine*; Kapitel 4)? Und schließlich: zu welcher Zeit agieren die Satzsubjekte, und wo tun sie es?

Der Katalog der Aufgaben, die noch zu erledigen sind, ist nicht kurz. Dennoch ist jede einzelne Aufgabe in relativ kurzer Zeit abzuhaken.

## Zwischen Hügeln und Lenden

Bitte deine Lehrer, dir für die nachfolgenden Wörter bzw. Wendungen eine Reihe adäquater Substantive zu nennen:

| | |
|---|---|
| eccitato | erregt |
| in erezione | erigiert |
| floscio | weich |
| impotente | impotent |
| frígida | frigide |

# 4.

# Eroberungen

Es ist nicht wie in der Tierwelt, hormongesteuert und instinktüberladen, und außerdem dauern die Nachspiele länger. Doch oft wartet man vergebens auf das schlafwandlerische Duett, weiß nur der eine Teil, daß etwas geschehen soll, während der andere Teil noch nichtsahnend aufs Meer hinausträumt. Hier Aufmerksamkeit zu erregen, ist hohe Kunst, vieles bleibt schließlich doch den Tieren entlehnt. Und wie diese plustert man sich auf, brüllt hallend in der Natur, verströmt Loulou und Egoïste, stellt entblößt zur Schau, was zuvor verhüllt war. Die Faszination des Lebens profitiert davon.

Spesso chi finse amor cadde in amore:
Pensava fosse un gioco essere amante,
poi lo divenne. E dunque date ascolto
a chi v'invoca, o donne, anche per gioco!
Sovente un falso amor si fa poi vero.

(Ovidio, in *L'arte d'amare*, vv. 920-925)

# Fare delle conquiste

- Non trovi che gli uomini hanno qualcosa di bestiale?
- Perché dici così? Perché si leccano il culo come le scimmie?
- Ma no, maniaco! Pensavo alle strategie di certi seduttori. Ci sono veramente dei tipi incredibili. Peggio dei cani in calore.
- Ma cosa vuoi, la vita è così! E' necessario che la specie si moltiplichi. Per la natura, tutti i mezzi sono buoni.
- I profumi, i colori, il look... Basta vedere quanto tempo dedicano i ragazzi e le ragazze per vestirsi e per mettersi in mostra.
- Bisogna dire che non è sempre così semplice fare una conquista. Le donne sono sempre più indipendenti. La macchina sportiva o la moto non bastano più. Se in strada ne seguite una, vi manda subito a quel paese. Mi chiedo che strategia bisogna usare per fare colpo.
- E difficile, non lo so neanch'io. Faccio body-building tutte le mattine per tenermi in forma, ma non ho la parola facile. Tu almeno hai la lingua lunga.
- Non bisogna esitare nel fare complimenti o a tenerle per mano. Chiacchierare notti intere... le donne hanno bisogno delle parole. Tutto il segreto della seduzione è qui, credimi, nelle parole dolci. Dopo ti puoi ficcare a letto e perderti nell'amore.
- Ah, se fossi meno coglione potrei essere un vero seduttore! Ma la parlantina non è proprio il mio forte. A cosa servono i muscoli se non sono capace di fare il filo alle donne.
- Domani vado in piscina. Vieni con me. Ti farò vedere come si fa. Basta avere un po' di coraggio.

## Vorspann

| | |
|---|---|
| spesso | oft |
| chi | wer |
| chi finse l'amor | wer Liebe vortäuschte |
| cadde in amore | verfiel der Liebe |

| | |
|---|---|
| pensava fosse | er dachte, es sei |
| il gioco | das Spiel |
| l'amante *m.* | der Liebhaber |
| poi | dann |
| lo divenne | er wurde es |
| dunque | also |
| dare ascolto | zuhören |
| o | Exklamation |
| anche | auch |
| per gioco | hier: zum Spaß |

| | |
|---|---|
| sovente | oft (antiquiert) |
| falso | falsch |
| vero | wahr |
| farsi vero | wahr werden |

## Text

| | |
|---|---|
| la conquista | die Eroberung |
| trovare | finden |

| | |
|---|---|
| avere qualcosa di bestiale | etwas Bestialisches haben |
| dici | du sagst |
| perché dici così | warum sagt du das |
| leccarsi | sich lecken |
| il culo | der Arsch |
| la scimmia | der Affe |
| maníaco! | hier: Sexbesessener! |
| la strategía | die Strategie |
| certo | gewisser |
| il seduttore | der Verführer |

| | |
|---|---|
| ci sono | es gibt |
| veramente | wirklich, tatsächlich |
| il tipo | der Typ |
| incredíbile | unglaublich |
| peggio di | schlimmer als |
| il cane | der Hund |
| peggio dei cani | schlimmer als Hunde |
| in calore | heiß (Hund) |
| ma cosa vuoi | aber was willst du denn |

| | |
|---|---|
| la vita | das Leben |
| necessario | notwendig |
| la specie | die Art |
| moltiplicarsi | hier: sich vermehren |
| per | für |
| la natura | die Natur |
| il mezzo | das Mittel |
| tutti i mezzi | alle Mittel |
| buono | gut; recht |
| il profumo | das Parfüm |
| il colore | die Farbe |
| il look | der Look |
| bastare | genügen, reichen |
| basta vedere | man braucht nur zu sehen |
| quanto tempo | wieviel Zeit |
| dedicare | widmen; (Zeit) verbringen |
| vestirsi | sich ankleiden |
| méttersi in mostra | sich zur Schau stellen |
| bisogna dire che | man muß sagen, daß |
| sémplice | einfach |
| fare una conquista | eine Eroberung machen |
| sempre più | immer mehr |
| indipéndente | unabhängig |
| la mácchina | das Auto |
| la mácchina sportiva | der Sportwagen |
| la moto | das Motorrad |
| se | wenn, falls |
| in strada | auf der Straße |
| seguire | folgen; verfolgen |
| se ne seguite una | wenn ihr einer (Frau) folgt |
| súbito | sofort |
| vi manda a quel paese | sie schickt euch zum Teufel |
| chiédersi | sich fragen |
| usare | anwenden, gebrauchen |
| fare colpo | hier: Erfolg haben |
| diffícile | schwierig |
| non lo so neanch'io | ich weiß es auch nicht |
| tutte le mattine | jeden Morgen |
| tenersi in forma | in Form bleiben |
| avere la parola fácile | gut reden können |
| almeno | wenigstens |
| avere la lingua lunga | etwa: ein loses Mundwerk haben |
| non bisogna | man darf nicht |
| esitare | zögern |
| fare complimenti | Komplimente machen |
| esitare nel fare complimenti | zögern, Komplimente zu machen |

| | |
|---|---|
| la mano; *Pl.*: le mani | die Hand |
| tenere | halten |
| tenerle per mano | ihnen die Hände halten |
| chiacchierare | schwätzen |
| la notte | die Nacht |
| intero | ganz |
| avere bisogno di | nötig haben |
| il segreto | das Geheimnis |
| tutto il segreto | das ganze Geheimnis |
| qui | hier |
| crédimi | glaube mir |
| dolce | sanft |
| dopo | danach |
| ficcarsi a letto | sich ins Bett legen |
| perdersi | sich verlieren |
| nell'amore | in der Liebe |
| coglione | hier: dumm |
| meno | weniger |
| se fossi meno coglione | wenn ich nicht so dumm wäre |
| potrei éssere | könnte ich sein |
| vero | wahr, wahrhaftig |
| la parlantina | geschwätziges Reden |
| proprio | hier: wirklich |
| non è il mio forte | das ist nicht meine Stärke |
| servire a | dienen; gut sein |
| a cosa servono | wozu sind gut |
| il múscolo | der Muskel |
| capace di | fähig zu |
| fare il filo a | Süßholz raspeln mit |
| domani | morgen |
| andare in piscina | ins Schwimmbad gehen |
| vieni con me | du kommst mit mir |
| far vedere | zeigen |
| ti farò vedere | ich werde dir zeigen |
| come si fa | wie man es macht |
| un po' di | ein wenig |
| il coraggio | der Mut |

# GRAMMATIK I

## Aussicht

Die zweite wichtige Zeitform der Vergangenheit, das Imperfekt, wird heute gelernt. Und da wir die Partizipien des Perfekts schon kennen und diese zusammen mit avere im Imperfekt das Plusquamperfekt, also die Vorvergangenheit bilden, liegt es nahe, auch dieses nicht links liegen zu lassen. Mit 20 Minuten konzentrierter Arbeit sind beide Themen abzuhaken. Sozusagen als Dessert schließt das Kapitel mit einem Einblick in die Possessivpronomen, die besitzanzeigenden Fürwörter. Mein und Dein zu unterscheiden, im Zärtlichen wie im Konfliktuellen, ist eine von allen Schülern dankbar aufgegriffene Aufgabe.

## 4.1. Präsens der Verben *venire* und *potere*

**venire** *kommen*

| (io) | vengo |
|------|-------|
| (tu) | vieni |
| (lui/lei) | viene |
| (noi) | veniamo |
| (voi) | venite |
| (loro) | véngono |

Part.Perf.: venuto

**potere** *können*

| (io) | posso |
|------|-------|
| (tu) | puoi |
| (lui/lei) | può |
| (noi) | possiamo |
| (voi) | potete |
| (loro) | póssono |

potuto

Das Perfekt von **venire** wird mit dem Hilfsverb **essere** gebildet: sono venuto *ich bin gekommen*.

## 4.2. Das Imperfekt

Das Imperfekt ist neben dem Perfekt die zweite der beiden wichtigen Zeitformen der Vergangenheit.

Erstens wird es benutzt, um die Gleichzeitigkeit zweier Handlungen zu betonen: **Quando veniva a vedermi, passavamo delle serate intere a parlare della nostra infanzia.** *Wenn sie mich besuchte, verbrachten wir ganze Abende damit, von unserer Kindheit zu sprechen.*

Zweitens wird das Imperfekt eingesetzt, um auszudrücken, daß eine Handlung oder ein Umstand sich stets wiederholte: **Facevamo l'amore tutti i giorni.** *Wir schliefen jeden Tag miteinander.* Sexuelle Fixierungen oder gar Perversionen mit ihren ritualisierten Wiederholungen gehören hierher.

Drittens brauchen wir das Imperfekt, wenn wir eine laufende Handlung charakterisieren wollen, in die hinein plötzlich eine andere Handlung platzt: **L'aveva quasi convinta a venire con lui quando suo marito è arrivato.** *Er hatte sie fast überredet, mit ihm zu kommen, als ihr Mann ankam.*

Das Imperfekt wird gebildet, indem wir an den um die letzten beiden Buchstaben verkürzten Infinitiv (aus amare wird **ama-**, aus dormire wird **dormi-**, aus véndere wird **vende-** etc.) die Endungen **-vo, -vi -va** für die Formen des Singulars und **-vamo, -vate, -vano** für die Formen des Plurals anhängen.

### 4.2.1 Imperfekt der Verben auf *-are, -ere und -ire*

|          | -are           | -ere       | -ire      |
|----------|----------------|------------|-----------|
| (io)     | accarezzavo    | vendevo    | capivo    |
| (tu)     | accarezzavi    | vendevi    | capivi    |
| (lui/lei)| accarezzava    | vendeva    | capiva    |
| (noi)    | accarezzavamo  | vendevamo  | capivamo  |
| (voi)    | accarezzavate  | vendevate  | capivate  |
| (loro)   | accarezzávano  | vendévano  | capívano  |

### 4.2.2 Imperfekt der Hilfsverben *essere* und *avere*

**avere**

| (io)      | avevo   | ich hatte / ich habe gehabt    |
|-----------|---------|--------------------------------|
| (tu)      | avevo   | du hattest / du hast gehabt    |
| (lui/lei) | aveva   | er hatte / er hat gehabt       |
| (noi)     | avevamo | wir hatten / wir haben gehabt  |
| (voi)     | avevate | ihr hattet / ihr habt gehabt   |
| (loro)    | avévano | sie hatten / sie haben gehabt  |

**éssere**

| (io)      | ero      | ich war / ich bin gewesen      |
|-----------|----------|--------------------------------|
| (tu)      | eri      | du warst / du bist gewesen     |
| (lui/lei) | era      | er war / er ist gewesen        |
| (noi)     | eravamo  | wir waren / wir sind gewesen   |
| (voi)     | eravate  | ihr wart / ihr seid gewesen    |
| (loro)    | érano    | sie waren / sie sind gewesen   |

### 4.2.3 Unregelmäßige Formen

|           | fare     | dire     | bere     |
|-----------|----------|----------|----------|
| (io)      | facevo   | dicevo   | bevevo   |
| (tu)      | facevi   | dicevi   | bevevi   |
| (lui/lei) | faceva   | diceva   | beveva   |
| (noi)     | facevamo | dicevamo | bevevamo |
| (voi)     | facevate | dicevate | bevevate |
| (loro)    | facévano | dicévano | bevévano |

## 4.3. Unterschiede im Gebrauch zwischen Perfekt und Imperfekt

Eines der schwierigsten Kapitel der italienischen Grammatik ist für Deutsche der korrekte Gebrauch von Perfekt und Imperfekt. Es wäre falsch, **lui accarezzava** stets mit *er streichelte* und **lui ha accarezzato** immer mit *er hat gestreichelt* zu übersetzen. Jede der beiden Zeitformen wird hingegen in genau definierten Situationen eingesetzt.

Die Situationen, die das Imperfekt verlangen, wurden oben beschrieben. Im Gegensatz dazu wird das Perfekt in erster Linie für punktförmige, einmalige Handlungen eingesetzt. Überfliege noch einmal die Texte, die bisher bearbeitet wurden und untersuche den Gebrauch der beiden Vergangenheitszeiten.

## 4.4. Das Plusquamperfekt

Das Plusquamperfekt, die Vorvergangenheit, liegt, wie der Name suggeriert, zeitlich noch vor dem Imperfekt und dem Perfekt. Es wird benutzt, um bei Erzählungen der Vergangenheit zu betonen, daß andere Ereignisse noch früher stattgefunden haben.

Die Formen des Plusquamperfekt sind einfach. Sie werden gebildet aus den Hilfsverben **essere** bzw. **avere im Imperfekt + Partizip Perfekt:**

| | |
|---|---|
| lei mi **aveva guardato** | sie **hatte** mich **angesehen** |
| mi **avevi detto** | du **hattest** mir **gesagt** |
| ti **avevo promesso** | ich **hatte** dir **versprochen** |

## 4.5. Wichtige Partizipien des Perfekts

| Infinitiv | | Partizip Perfekt |
|---|---|---|
| debattieren | discútere | discusso |
| verwechseln | confóndere | confuso |
| entscheiden | decídere | deciso |
| verteidigen | diféndere | difeso |
| geboren werden | náscere | nato (essere) |

# GRAMMATIK II

## 4.6. Das Possessivpronomen (Besitzanzeigendes Fürwort)

Possessivpronomen legen fest, welche Dinge oder Personen zu anderen Dingen oder Personen gehören. Verliebte brauchen zunächst natürlich nur die Formen der ersten Person im Singular zu lernen: Amore **mio**, Tesoro **mio**, Coccoletta **mia**. In der weiteren Chronologie des Liebeslebens gewinnt dann die erste Person des Plurals an Bedeutung. Man definiert sich als eigenständige Einheit: **Il nostro** amore è si grande... *unsere Liebe ist so groß...*, **La nostra** vita sarà così bella... *Unser Leben wird so schön sein...* etc.

Die Possessivpronomen der zweiten Person Singular *tuo, tua, tuoi, tue* sind in ihrer affektiven Färbung ambivalent. In der benignen Form dienen sie dazu, den Partner mit den Dingen und Erfahrungen, die zu ihm gehören, verstehen zu lernen: **la tua** infanzia... *deine Kinheit...*, **le tue esperienze...** *deine Erfahrungen...*, **tua** madre.. *deine Mutter...*, **tuo** padre.. *dein Vater...* etc. Gefährlich, wenn nicht verletzend werden diese Formen, wenn sie in einer späteren Phase des gemeinsamen Lebens gebraucht werden, um Geringschätzigkeit auszudrücken: **Il tuo** ex... *dein Typ von früher...*. Definitiv brisant wird *tuo, tua, tuoi, tue*, wenn sie nicht mehr nur Dinge beschreiben, sondern als gezielte Waffe der Abgrenzung im Kampf der Liebenden eingesetzt werden: **Il tuo** lavoro non m'interessa... *deine Arbeit interessiert mich nicht...*. Ist gar von dritten Männern oder Frauen die Rede wie in **i tuoi amanti** mi stanno sul cazzo *deine Geliebten gehen mir auf den Sack* steht die Beziehung meist vor einer nicht unerheblichen Zerreißprobe. Die Formen:

| Maskulinum Singular | Femininum Singular | Maskulinum Plural | Femininum Plural |
|---|---|---|---|
| il mio | la mia | i miei | le mie |
| il tuo | la tua | i tuoi | le tue |
| il suo | la sua | i suoi | le su |
| il nostro | la nostra | i nostri | le nostre |
| il vostro | la vostra | i vostri | le vostre |
| il loro | la loro | i loro | le loro |

Wie aus dieser Übersicht und den obigen Beispielsätzen hervorgeht, muß beim Possessivpronomen der bestimmte Artikel stehen:

| la mia mácchina | mein Auto |
|---|---|
| le mie vacanze | meine Ferien |
| i miei sentimenti | meine Gefühle |

Eine Ausnahme von dieser Regel sind Verwandtschaftsbezeichnungen:

| mio marito | mein Mann |
|---|---|
| mia moglie | meine Frau |
| mia mamma | meine Mamma |
| mio nonno | mein Großvater |

Wenn diese Wörter aber im Plural stehen, wird wieder der bestimmte Artikel gebraucht:

| i miei genitori | meine Eltern |
|---|---|
| i miei nonni | meine Großeltern |
| i miei figli | meine Kinder |

Das Possessivpronomen bietet nur eine winzige Schwierigkeit. Während im Deutschen sich das Geschlecht des Possessivpronomens nach dem Besitzer richtet  -**ihr** *Hund* oder **sein** *Hund*: es handelt sich beide Male um den gleichen Hund- richtet es sich im Italienischen nach dem Besitz, in unserem Beispielfall nach dem Hund. Es ist also dem Hund egal, ob der Besitzer eine Frau oder ein Mann ist: **il suo** cane.

## 4.7. Das Demonstrativpronomen *(Hinweisendes Fürwort)*

Demonstrativpronomen weisen gezielt auf Dinge, Ideen oder Personen hin. Nicht *das* Bett sei gemeint, erst recht nicht *ein* Bett sondern eben **dieses** Bett. Die Formen:

| | |
|---|---|
| questo letto | dieses Bett |
| questi letti | diese Betten |
| questa lácrima | diese Träne |
| queste lácrime | diese Tränen |

Wie wir sehen, wird **questo** wie ein Adjektiv dekliniert.

Um Dinge zu bezeichnen, die sich in einer gewissen Distanz zum Sprechenden befinden, wird **quello** (auf Deutsch etwa: jener) gebraucht. Quello wird ähnlich wie der bestimmte Artikel verändert:

| | | |
|---|---|---|
| il letto | quel letto | jenes Bett |
| lo stronzo | quello stronzo | jenes Arschloch |
| l'amico | quell'amico | jener Freund |
| la lácrima | quella lácrima | jene Träne |
| l'emozione | quell'emozione | jene Emotion |
| i letti | quei letti | jene Betten |
| gli stronzi | quegli stronzi | jene Arschlöcher |
| gli amici | quegli amici | jene Freunde |
| le lácrime | quelle lácrime | jene Tränen |
| le emozioni | quelle emozioni | jene Emotionen |

## 4.8. Für die Zunge (I)

Man lebt nicht von Liebe und Luft allein, auch wenn man frisch verliebt ist, jedenfalls nicht länger als wenige Tage. Das Basisvokabular für die Nahrungssuche:

| | |
|---|---|
| vorrei | ich hätte gern |
| un chilo di | ein Kilo (von) |
| mezzo chilo di | ein Pfund (von) |
| un etto di | 100 Gramm (von) |
| la fetta | die Scheibe |
| la scátola | die Dose |
| il pacco | die Packung; die Schachtel |
| una bottiglia di | eine Flasche (von) |
| il pezzo | das Stück |
| il vino | der Wein |
| il formaggio | der Käse |

| | |
|---|---|
| il pane | das Brot |
| l'acqua | das Wasser |
| la pasta | die Nudeln |
| la carne | das Fleisch |
| il riso | der Reis |
| l'olio | das Öl |
| l'aceto | der Essig |
| l'aglio | der Knoblauch |
| il sale | das Salz |
| il pepe | der Pfeffer |
| peperoncino | scharfer Paprika |
| il burro | die Butter |
| l'uovo | das Ei |
| lo zúcchero | der Zucker |
| l'insalata | der Salat |
| la patata | die Kartoffel |
| il pesce | der Fisch |
| il pollo | das Hähnchen |

## Fazit

Die Basisgrammatik ist absolviert. 4 Zeitformen in 4 Kapiteln (Präsens, Perfekt, Imperfekt, Plusquamperfekt), Substantive sowohl mit Possessivpronomen, Demonstrativpronomen als auch mit bestimmten und unbestimmten Artikeln und schließlich noch die Personalpronomen als Objekt inklusive der reflexiven Verben: es ging schnell und weit nach vorn, auf den Höhen und in den Tiefen des Liebeslebens lernt es sich leichter. In Zukunft ersparen wir uns die Aussichten und das Fazit. Wer bis hierher kam, kommt allein weiter.

# TIPS

## Lernstrategien

Nichts ist beim Studium einer Fremdsprache verderblicher als ein langsamer und schleppender Lernrhythmus. Zwei Wochenstunden oder gar noch weniger sind eher schädlich als nützlich, zementieren sie doch bei vielen Schülern den Eindruck, daß das Erlernen von Fremdsprachen nur in großen Zeiträumen denkbar ist.

Du solltest dir also erstens Zeit nehmen und zweitens in Lernphasen planen. Eine Lernphase sollte nicht kürzer als 2 Wochen sein, besser wären 4 Wochen. Das Tagespensum in diesen Lernwochen sollte bei täglich zwei bis drei (bis mehr, sofern möglich, Ferien eignen sich hierfür besonders guţ) Stunden liegen. Nach dem Ende einer Lernphase ist man gemeinhin müde, der Kopf ist voll, weitere Wörter wollen nicht mehr hinein. Dennoch bleibt der starke Eindruck zurück, daß innerhalb kurzer Zeit viel erreicht wurde.

Für das *Wie* beim Arbeiten mit Lehrbüchern gibt es, entsprechend dem Naturell des Einzelnen, unterschiedliche Strategien. Der eine arbeitet gewissenhaft jedes Kapitel solange durch, bis er auch das letzte Komma kennt. Der andere hingegen will vorerst nur in großen Zügen verstehen, worum es geht, will dann aber sofort mehr und dies schnell, und hastet durch die Kapitel.

Diese zweite Vorgehensweise ist uns sympathischer. Sie hat mehrere Vorzüge. Erstens ist sie unterhaltsamer und weniger langweilig, weil in kurzer Zeit mehr Eindrücke auf uns einströmen. Zweitens gewinnen wir schnell einen Überblick über die Probleme, die wir auf Dauer zu lösen hat. Es kann allerdings vorkommen, daß plötzlich alles zu viel wird und daß nach der Hälfte des Buches der Kopf überläuft mit all den Dingen, die eben doch nur halb gewußt sind. Es ist dann nicht unehrenhaft, den ersten Durchgang abzubrechen und den zweiten einzuläuten. Beginn wieder bei Kapitel 1   -es geht jetzt ohnehin doppelt so schnell wie beim ersten Durchgang-  und roll den ganzen Stoff noch einmal auf. Lieber drei Durchgänge mit fliegenden Fahnen als sich auf allen Vieren mühsam von Kapitel zu Kapitel schleppen!

## Zwischen Hügeln und Lenden

Verlange nun von deinen Lehrern theoretische Hilfestellung bei der Konjugation aller bisher bekannten Zeitformen (Präsens, Perfekt, Imperfekt, Plusquamperfekt) der folgenden Verben:

| | |
|---|---|
| morsicare | beißen |
| gémere | stöhnen |
| godere | genießen (im intimen Sinne) |
| pizzicare | kneifen |
| graffiare | kratzen |
| fare un succhiotto | einen "Knutschfleck" machen |

# 5.

# Die Kunst der Verführung

Im Grunde sei unseriös, wer mit dem Apfel aus dem Paradies, Verbotenes im Schilde, die Unschuldigen verführe. Außerdem habe man es nicht nötig, lehne kunstvolle Strategien ab, wolle ganz aus der eigenen Tiefe wirken, aus dem Sein heraus, ohne Trug und Schein. Das Kind im Erwachsenen fordert weiterhin, daß jeder verstehe, was es fühlt und denkt. Daß Verführung auch Kommunikation sein kann, wie sollen Kinder das auch wissen. Und außerdem wird Verführung -jenseits der Alpen- als gemeinsames Geschäft verstanden, als Wettstreit im Feuerwerk, ohne all die armen, kindlichen und unbeleckten Opfer biblischer Szenen. Unter aufblitzenden Raketen entsteht eine illusionäre Welt. Leben als willkommene, geplante, gewollte Fata Morgana. Nur das phantasielose Nordlicht bleibt ohne Verständnis.

> A guardar bene, l'uomo è un drogato fin da piccolo,
> da quando la madre gli comunica l'orgoglio di essere maschio..
> E la droga dell'uomo è la donna, la madre innanzitutto
> che gli garantisce se stessa
> come fonte rinnovata di attenzione..
>
> (Anna Del Bo Boffino in *Pelle e cuore*)

# L'arte di sedurre

Per molti uomini è difficile ammettere che le donne preferiscono gli Italiani. Perché li preferiscono? Secondo un'inchiesta c'è una ragione profonda: gli Italiani, quando finiscono di lavorare, non ci pensano più. Meno male, perché fare l'amore con un uomo che pensa continuamente al suo lavoro, non ha proprio niente di erotico.

Gli italiani dedicano tutta la loro attenzione alla donna. Se sono sposati, magari non vi rivolgono neanche la parola, ma quando siete a letto con loro, non pensano ad altro che all'amore. Amano toccare e sembrano consumarsi al contatto con il corpo di una donna. Perdono la nozione del tempo e passano anche delle ore ad accarezzarla.

La differenza più marcata tra gli Italiani e gli Anglosassoni sembra consistere nella loro verve. Per gli Italiani l'amore non sarebbe niente senza le parole: in genere una sfilza di complimenti calorosi come *Sei bellissima, sei stupenda, sei l'unica...* E queste parole pronunciate facendo l'amore giocano un ruolo che supera la semplice tenerezza.

Gli Italiani sono sexy perché amano le donne e glielo dimostrano. Sanno apprezzare la loro compagnia. Insomma, sono degli uomini eccezionalmente dolci.

## Vorspann

| | |
|---|---|
| guardare | sehen, schauen |
| a guardar(e) bene | etwa: wenn man es genau betrachtet |
| il drogato | der Drogenabhängige |
| fin da | seit |
| píccolo | klein |
| fin da píccolo | hier: seit seiner Kindheit |
| da quando | seitdem |
| comunicare | hier: vermitteln |
| l'orgoglio | der Stolz |
| maschio | männlichen Geschlechts |
| la droga | die Droge |

| | |
|---|---|
| innanzitutto | vor allem |
| garantire -sc- | garantieren |
| se stesso | sich (selbst) |
| la fonte | die Quelle |
| rinnovare | erneuern |
| l'attenzione *f.* | die Aufmerksamkeit |

## Text

| | |
|---|---|
| l'arte *m.* | die Kunst |
| sedurre *Part.Perf.:* sedotto | verführen |
| molto | sehr; viel |
| difficile | schwierig |
| amméttere *Part.Perf.:* amesso | zugeben |

| | |
|---|---|
| preferire -sc- | vorziehen |
| secondo | nach (Aussage von) |
| l'inchiesta | die Umfrage |
| la ragione | der Grund |
| profondo | tief |
| finire -sc- | beenden |
| il lavoro | die Arbeit |
| pensare | denken |
| meno male | ein Glück |
| continuamente | dauernd |

| | |
|---|---|
| proprio | hier: wirklich |
| erótico | erotisch |
| dedicare | widmen |
| l'attenzione *f.* | die Aufmerksamkeit |
| sposarsi | heiraten |
| magari | vielleicht |
| rivólgere la parola | ansprechen; sprechen mit |
| neanche | nicht einmal |
| éssere a letto | im Bett sein |
| toccare | berühren |
| sembrare | scheinen |
| consumarsi | etwa: sich auflösen |
| a contatto con | beim Kontakt von |
| il corpo | der Körper |
| il tempo | die Zeit |
| la nozione del tempo | das Zeitgefühl |
| passare | verbringen |
| l'ora | die Stunde |
| la differenza | der Unterschied |
| marcato | ausgeprägt |
| gli Anglosássoni | die Angelsachsen |
| consístere in | bestehen in |
| la verve | der Schwung, die Verve |
| non sarebbe niente | es wäre nichts |
| senza le parole | ohne die Wörter |
| in génere | im allgemeinen |
| una sfilza di | eine unendliche Reihe von |
| il complimento | das Kompliment |
| caloroso | herzlich |
| stupendo | etwa: himmlisch |
| único | einzig; einzigartig |
| pronunciare | aussprechen |
| facendo l'amore | während man miteinander schläft |
| giocare un ruolo | eine Rolle spielen |
| superare | hinausgehen über |
| sémplice | einfach |
| glielo dimóstrano | sie zeigen es ihnen |
| apprezzare | schätzen |
| sanno apprezzare | sie wissen zu schätzen |
| la compagnía | das Zusammensein mit |
| insomma | alles in allem |
| eccezionale | außergewöhnlich |
| dolce | sanft |

# GRAMMATIK I

## 5.1. Präsens der Verben *dire* und *dovere*

| dire *sagen* | | dovere *müssen* | |
|---|---|---|---|
| (io) | dico | (io) | devo |
| (tu) | dici | (tu) | devi |
| (lui/lei) | dice | (lui/lei) | deve |
| (noi) | diciamo | (noi) | dobbiamo |
| (voi) | dite | (voi) | dovete |
| (loro) | dícono | (loro) | dévono |
| Part.Perf.: detto | | dovuto | |

## 5.2. Reflexive Verben: Unterschiede

Die reflexiven Verben wurden im 3.Kapitel vorgestellt: Wir erinnern **sbagliarsi** *sich täuschen*, **baciarsi** *sich küssen*. In den zitierten Fällen stehen sowohl im Deutschen als auch im Italienischen die Personalpronomen beim Verb und weisen auf die Rückbezüglichkeit bzw. Gegenseitigkeit der Handlung hin.

Es gibt aber eine Reihe von Verben, die nur im Italienischen reflexiv sind:

| | |
|---|---|
| masturbarsi | onanieren |
| sposarsi | heiraten |
| chiamarsi | heißen |
| svegliarsi | aufwachen |
| alzarsi | aufstehen |
| fermarsi | anhalten |
| accorgersi di | wahrnehmen |
| rendersi conto di qc. | sich über etwas klar werden |

Einige Beispielsätze: **si masturbava tutte le mattine sotto la doccia** *er onanierte jeden Morgen unter der Dusche*; **la mattina, non si svegliava mai** *morgens wurde sie nie wach*; **come ti chiami?** *wie heißt du?*; **fermati!** *halt an!*

## 5.3. Wichtige Partizipien des Perfekts

| Infinitiv | Partizip Perfekt |
|---|---|

| | Infinitiv | Partizip Perfekt |
|---|---|---|
| ausdrücken | esprímere | espresso |
| gewähren | concédere | concesso |
| leiten | dirígere | diretto |
| bewegen | muóvere | mosso |
| erscheinen | apparire | apparso |

# GRAMMATIK II

## 5.4. Die Deklination der Substantive

Deklinieren bedeutet Beugen. Wenn Substantive gebeugt werden, wird im Deutschen aus dem Nominativ *der Freund* der Genitiv *des Freundes*, der Dativ *dem Freunde* und der Akkusativ *den Freund*. Wie du siehst, ändert sich im Deutschen die Endung des Substantives. Im Italienischen hingegen ändern die Substantive ihre Form nicht. Um dennoch Entsprechungen für den deutschen Genitiv (Wes-Fall) und Dativ (Wem-Fall) zu konstruieren, bemüht sich das Italienische der Konjunktionen **di** und **a**, die vor das zu beugende Wort gestellt werden: **di** mio fratello *meines Bruders*, **a** mio fratello *meinem Bruder*.

Beachte, daß sich **di** und **a** mit den bestimmten Artikeln wie folgt verbinden:

| | |
|---|---|
| di + il | del |
| di + l' | dell' |
| di + lo | dello |
| di + i | dei |
| di + gli | degli |
| di + la | della |
| di + l' | dell' |
| di + le | delle |

| a + il | al |
|--------|------|
| a + l' | all' |
| a + lo | allo |
| a + i | ai |
| a + gli | agli |
| a + la | alla |
| a + l' | all' |
| a + le | alle |

Zum Verständnis der nachfolgenden Beispiele brauchst du die folgenden Wörter:

| | |
|---|---|
| il ragazzo | der Junge; hier: der Freund |
| la ragazza | das Mädchen; hier: die Freundin |
| l'amico | der Freund |
| l'amica | die Freundin |
| lo scemo | der Dumme |
| il culo | der Arsch |
| fare un pompino | einen blasen |
| fare un massaggio | massieren |
| viziare | verwöhnen |

### 5.4.1 Die Formen des Singulars

Die Formen für männliche Substantive:

| | | |
|---|---|---|
| | il mio ragazzo | Nominativ |
| il culo | **del** mio ragazzo | Genitiv |
| ho fatto un pompino | **al** mio ragazzo | Dativ |
| ho viziato | il mio ragazzo | Akkusativ |

Die Formen für männliche Substantive mit vokalischem Anlaut:

| | | |
|---|---|---|
| | l'amico | Nominativ |
| il culo | **dell'**amico | Genitiv |
| ho fatto un pompino | **all'**amico | Dativ |
| ho viziato | l'amico | Akkusativ |

Die Formen für männliche Substantive mit Anlaut auf st-, sc- etc:

|  |  |  |
|---|---|---|
|  | lo scemo | Nominativ |
| il culo | **dello** scemo | Genitiv |
| ho fatto un pompino | **allo** scemo | Dativ |
| ho viziato | lo scemo | Akkusativ |

Die Formen für weibliche Substantive:

|  |  |  |
|---|---|---|
|  | la mia ragazza | Nominativ |
| il culo | **della** mia ragazza | Genitiv |
| ho fatto un massaggio | **alla** mia ragazza | Dativ |
| ho viziato | la mia ragazza | Akkusativ |

Die Formen für weibliche Substantive mit vokalischem Anlaut:

|  |  |  |
|---|---|---|
|  | l'amica | Nominativ |
| il culo | **dell'**amica | Genitiv |
| ho fatto un massaggio | **all'**amica | Dativ |
| ho viziato | l'amica | Akkusativ |

### 5.4.2  Die Formen des Plurals

Die Formen für männliche Substantive:

|  |  |  |
|---|---|---|
|  | i miei ragazzi | Nominativ |
| il culo | **dei** miei ragazzi | Genitiv |
| ho fatto un pompino | **ai** miei ragazzi | Dativ |
| ho viziato | i miei ragazzi | Akkusativ |

Die Formen für männliche Substantive mit vokalischem Anlaut:

|  |  |  |
|---|---|---|
|  | gli amici | Nominativ |
| il culo | **degli** amici | Genitiv |
| ho fatto un pompino | **agli** amici | Dativ |
| ho viziato | gli amici | Akkusativ |

Die Formen für weibliche Substantive:

|  | le mie ragazze | Nominativ |
|---|---|---|
| il culo | **delle** mie ragazze | Genitiv |
| ho fatto un massaggio | **alle** mie ragazze | Dativ |
| ho viziato | le mie ragazze | Akkusativ |

## 5.5. Das Adverb

Adjektive charakterisieren Substantive: **l'uomo bello** *der schöne Mann*. Adjektive können aber auch Verben näher charakterisieren, wenn sie in Sätzen wie **mi ha eccitato lentamente** *er hat mich langsam erregt* eingesetzt werden. Dann wird das Adjektiv zum **Adverb**, "*beim Verb stehend*", weil es nicht den Handelnden, sondern dessen Aktion, hier das Erregen, näher beschreibt. Im Deutschen gibt es keinen Unterschied in der Form zwischen Adjektiv und Adverb. "Langsam" kann sowohl Adjektiv als auch Adverb sein. Anders im Italienischen, wo das Adjektiv erst zum Adverb wird, wenn an die weibliche Adjektiv-Form die Endung **-mente** angehängt wird. Beispiele:

| Adjektiv | weibliche Form | Adverb | |
|---|---|---|---|
| lento | lenta | lenta**mente** | langsam |
| semplice | semplice | semplice**mente** | einfach |

Adjektive, die auf **-le** oder **-re** enden, verlieren das endständige **-e**:

| particolare | | particolar**mente** | besonders |
|---|---|---|---|
| generale | | general**mente** | allgemein |

Das Adverb von buono *gut* ist **bene**.

## 5.6. Für die Zunge (II)

Das Basisvokabular für's Obst- und Gemüsegeschäft

| la frutta | das Obst |
|---|---|
| la verdura | das Gemüse |
| la ciliegia | die Kirsche |
| la pesca | der Pfirsich |
| la frágola | die Erdbeere |
| la pera | die Birne |
| la mela | der Apfel |
| l'arancia | die Orange |
| il limone | die Zitrone |
| il melone | die Melone |

| | |
|---|---|
| l'anguria | die Wassermelone |
| la banana | die Banane |
| il pomodoro | die Tomate |
| l'uva | die Weintraube |
| l'albicocca | die Aprikose |
| il fico | die Feige |
| la prugna | die Pflaume |
| lo zucchino | die Zucchini |
| la melanzana | die Aubergine |
| i fagioli | die Bohnen |
| i piselli | die Erbsen |
| la carota | die Möhre |

# TIPS

## Genie ist Fleiß

Auf die Gefahr hin, daß wir uns wiederholen: Die Aneignung eines ausreichend umfangreichen Wortschatzes ist der größte "Einzelposten" in der Planung des halbwegs korrekten Sprechens des Italienischen. Lebende und leblose Dinge und Ideen beim Namen zu nennen, sie mit Adjektiven näher zu beschreiben, schließlich für alle ihre Aktivitäten ein Verb zur Hand zu haben: dies verlangt Fleiß, vor allem aber Kontinuität bei der Arbeit. Du solltest daher versuchen, das Vokabelstudium nicht den Zufälligkeiten deiner Laune zu überlassen, sondern systematisch den Wortschatz überprüfen. Wenn du zusammen mit Freunden lernst, dann fragt euch euer Vokabelwissen gegenseitig ab. Es reicht meist, nach der italienischen Übersetzung eines deutschen Wortes zu fragen. Denke daran: mit der Konstruktion der Verbformen hast du während eines Gespräches genug zu tun. Außerdem wollen die anderen grammatischen Finessen beachtet werden. Du kannst es dir deshalb nicht leisten, zusätzlich in den Tiefen deines Gedächtnisses hinter vagen Erinnerungsspuren herzujagen. Eine 90%ige Trefferquote in den Prüfungen sollte die Norm werden. Und das bei mehreren 1000 Vokabeln. Da hilft Genie. Aber Genie ist Fleiß.

Doch es gibt Hilfsmittel. Mehrere 1000 Vokabeln in wenigen Wochen zu lernen, ist möglich, wenngleich die Skeptiker zahlreich sind, manch einer gar zurückschreckt. Doch es gibt ihn nun auch hier: den Computer im Sprachunterricht. Immersion total, täglich 100 bis 200 neu gelernte Wörter. Im nächsten Kapitel kommen wir darauf zurück.

# 6.

# Vor dem Sturm

Sich zu verlieben, ist kein Akt aus Plüsch und Tüll. In dem Votum für den einen lauert das Votum gegen den anderen. Karten werden neu verteilt, oder besser: sie werden aufgemischt, vom Croupier der Unzufriedenheit auf grünem Spielcasinosamt des eigenen Lebensplanes. Draußen, im Regen und untätig zu stehen, während drinnen die Karten geschoben werden, ist der Welt tiefster Schmerz. Die Gemeinsamkeit ist hin. Das Paar löst sich auf wie ein Spuk. Man könnte meinen, es sei nie gewesen.

Non ci muoviamo più
Ci diamo del tu
Ci conosciamo troppo ma non ci capiamo mai
Stiamo sempre insieme ma non ci cerchiamo mai (...)
Gli altri che contornano la nostra vanità
Mentre ci agitiamo come scimmie in libertà
Per non ritrovarci mai da soli con noi
Le ricerche in un mare di complessità
Dentro cause che conosci anche tu

(Canzone di Loredana Berté, *Savoir-faire*)

# Prima della tempesta

Diario del giorno (lui):

Non ho dormito tutta la notte. Non sopportavo il contatto della sua pelle, così mi sono alzato e sono andato a dormire sul divano come un povero disgraziato! Non voglio che accada più! Non voglio più rivivere l'incertezza dei nostri primi tempi. Ne ho le palle piene di passare in secondo piano. Come fa ad essere innamorata di quella mummia! Ieri sera mi ha confessato che da due settimane lui le scrive tutti i giorni. Ho visto le lettere sparse sulla sua scrivania. Avevo voglia di aprirle, ma non sono ancora arrivato a questo punto.

Domani le imporrò di fare una scelta. O lui o me. Non deve assolutamente andare a quella cena. Non farò altri compromessi. Stavolta non si scherza! Le farò vedere di che pasta sono fatto!

Diario del giorno (lei):

Mi sono svegliata nel cuore della notte. Nessuno affianco a me: era andato a coricarsi sul divano. Stamattina era impossibile tirargli una parola di bocca. Mi esaspera, ha lo stesso muso di una volta. Il suo gioco è chiaro: non vuole che vada a trascorrere la serata col "suo rivale", come lo chiama, ma si sbaglia. Non cederò. Accetterò l'invito, costi quel che costi. Mi capita così raramente di perdere la testa per qualcuno, e poi almeno sa cucinare! In ogni caso non voglio rinunciare alla serata solo perché il "signore" non si fida.

D'altronde, si meriterebbe il mio tradimento. L'altro giorno, mentre parlavo con un'amica dei rapporti di coppia, ho veramente preso coscienza del suo egoismo. Quando lei rientra a casa, il suo uomo l'aiuta a preparare da mangiare. E quando si mettono a tavola, c'è almeno la gioia di un piacere condiviso. Li ho anche visti poco tempo fa per la strada e lui era molto affettuoso. Quanto l'ho invidiata in quel momento! Avevo le lacrime agli occhi. Non s'incontrano spesso degli uomini pieni di attenzioni per le loro donne. E proprio a me doveva capitare un buono a nulla che pensa di aver fatto tutto preparando la colazione una volta alla settimana. Ma prima o poi me la pagherà!

## Vorspann

| | |
|---|---|
| muóversi | sich bewegen |
| non ci muoviamo più | wir bewegen uns nicht mehr |
| darsi del tu | sich duzen |
| conóscersi | sich kennen |
| troppo | zuviel, zu sehr |
| capirsi | sich verstehen |
| stare insieme | zusammen sein |
| cercarsi | sich suchen |
| contornare | umgeben |
| la vanità | die Eitelkeit |
| agitarsi | sich aufregen |
| la scimmia | der Affe |
| la libertà | die Freiheit |
| ritrovarsi da soli | plötzlich allein sein (zu zweit) |
| la ricerca | die Suche |
| il mare | das Meer |
| la complessità | die Komplexität |
| dentro | in (drin) |
| la causa | der Grund |

## Text

| | |
|---|---|
| prima di | vor |
| la tempesta | der Sturm |
| il diário | das Tagebuch |
| sopportare | ertragen |
| il contatto | der Kontakt |
| la sua pelle | ihre/seine Haut |
| alzarsi | aufstehen |
| dormire | schlafen |
| il divano | die Couch |
| il disgraziato | der arme Teufel |
| póvero | arm |
| accadere | geschehen |
| non voglio che accada più | ich möchte nicht mehr, daß es geschieht |
| rivívere | noch einmal durchleben |
| l'incertezza | die Ungewißheit |

| | |
|---|---|
| il tempo | die Zeit |
| i primi tempi | die erste Zeit |
| ne ho le palle piene | ich habe davon die Schnauze voll |
| il piano | die Ebene; die Stelle |
| secondo | zweiter |
| passare in secondo piano | an zweiter Stelle kommen |
| come fa a | wie macht sie es, zu |
| éssere innamorato | verliebt sein |
| quello | jener |
| la mummia | die Mumie |
| confessare | beichten; zugeben |
| da due settimane | seit zwei Wochen |
| scrívere; *Part.Perf.:* scritto | schreiben |
| tutti i giorni | jeden Tag |
| la léttera | der Brief |
| spárgere; *Part.Perf.:* sparso | verteilen |
| scrivanía | der Schreibtisch |
| sulla sua scrivanía | auf seinem Schreibtisch |
| avere voglia di | Lust haben zu |
| aprire; *Part.Perf.:* aperto | öffnen |
| arrivare | ankommen; gelangen |
| il punto | der Punkt |
| imporre; *Part.Perf.:* imposto | auferlegen; hier: zwingen |
| la scelta | die Wahl |
| o lui o me | entweder er oder ich |
| assoluto | absolut |
| non deve assolutamente | sie darf auf keinen Fall |
| la cena | das Abendessen |
| altro | anderer |
| non farò compromessi | ich werde keine Kompromisse machen |
| stavolta | dieses Mal |
| scherzare | Witze machen |
| non si scherza | es ist ernst |
| le farò vedere | ich werde ihr zeigen |
| di che pasta son fatto | hier: aus welchem Holz ich geschnitzt bin |
| svegliarsi | wach werden |
| il cuore | das Herz |
| nel cuore della notte | mitten in der Nacht |
| nessuno | niemand |
| affianco a me | neben mir |
| coricarsi | sich hinlegen |
| stamattina | heute morgen |
| impossíbile | unmöglich |
| tirare | ziehen |
| la bocca | der Mund |
| esasperare | entmutigen |

| il muso | die (Tier-) Schnauze; hier: Schmollgesicht |
|---|---|
| di una volta | von früher |
| il gioco | das Spiel |
| chiaro | klar |
| non vuole che vada | er will nicht, daß ich gehe |
| trascórrere; *Part.Perf.:* trascorso | verbringen |
| la serata | der Abend |
| il rivale | der Rivale |
| chiamare | nennen |
| sbagliarsi | sich täuschen |
| cédere | zurückweichen; nachgeben |
| accettare | annehmen |
| l'invito | die Einladung |
| costi quel che costi | koste es, was es solle |
| capitare | geschehen, passieren |
| raramente | selten |
| pérdere *Part.Perf.:perso* | verlieren |
| qualcuno | jemand(en) |
| poi | dann |
| saper cucinare | kochen können |
| in ogni caso | auf jeden Fall |
| rinunciare | verzichten |
| solo perché | nur weil |
| fidarsi | Vertrauen haben |
| d'altronde | übrigens |
| meritarsi | verdienen |
| si meriterebbe | er würde es verdienen |
| il tradimento | der Verrat |
| l'altro giorno | neulich |
| mentre | während |
| il rapporto di coppia | die Zweierbeziehung |
| préndere coscienza di qc. | sich einer Sache bewußt werden |
| l'egoísmo | der Egoismus |
| rientrare a casa | nach Hause kommen |
| aiutare a | helfen bei |
| preparare | vorbereiten |
| preparare da mangiare | das Essen vorbereiten |
| méttersi a tavola | sich zu Tisch setzen |
| la gióia | die Freude |
| il piacere | das Vergnügen |
| condivídere; *Part.Perf.:* condiviso | teilen |
| li ho visti | ich habe sie gesehen |
| poco tempo fa | vor kurzem |
| per la strada | auf der Straße |
| affettuoso | zärtlich |
| quanto | wie sehr |

| | |
|---|---|
| invidiare | beneiden |
| in quel momento | da; in jenem Augenblick |
| la lácrima | die Träne |
| incontrare | treffen |
| non s'incóntrano | man trifft nicht |
| spesso | oft |
| l'attenzione *f.* | die Aufmerksamkeit |
| pieno di attenzione | voller Aufmerksamkeit |
| proprio a me | ausgerechnet mir |
| capitare | hier: zustoßen |
| il buono a nulla | der Taugenichts |
| preparando | hier: wenn er zubereitet |
| la colazione | das Frühstück |
| una volta alla settimana | einmal pro Woche |
| prima o poi | früher oder später |
| pagare | zahlen, bezahlen |
| me la pagherà | er wird es mir büßen |

# GRAMMATIK I

## 6.1. Präsens der Verben *dare* und *stare*

**dare** *geben*

| (io) | do |
|---|---|
| (tu) | dai |
| (lui/lei) | da |
| (noi) | diamo |
| (voi) | date |
| (loro) | danno |

Part.Perf.: dato

**stare** *stehen; sich befinden*

| (io) | sto |
|---|---|
| (tu) | stai |
| (lui/lei) | sta |
| (noi) | stiamo |
| (voi) | state |
| (loro) | stanno |

stato

## 6.2. Das Gerundium

Das Gerundium ist eine Variation der italienischen Verben, für die es keine geläufige deutsche Entsprechung gibt. Man könnte Wörter wie **andando** oder **venendo** mit *gehend* oder *kommend* übersetzen, hat sich dann aber bestenfalls eine Eselsbrücke gebaut. Einzelheiten zum Gebrauch des Gerundiums werden in einem späteren Kapitel vorgestellt. Hier soll nur auf die Konstruktion **stare + Gerundium** hingewiesen werden, die *gerade etwas tun* bedeutet. Das Gerundium wird gebildet, indem an den Stamm der Verben auf -are    **-ando**, an den Stamm der Verben auf -ere und -ire    **-endo** angehängt wird:

| Infinitiv | Stamm | Gerundium |
|-----------|-------|-----------|
| accarezzare | accarezz- | accarezzando |
| vendere | vend- | vendendo |
| capire | cap- | capendo |
| dormire | dorm- | dormendo |

Beispiele

| | |
|---|---|
| Sta dormendo. | Er schäft gerade. |
| Cosa state facendo? | Was macht ihr gerade? |
| Stiamo ancora lavorando. | Wir arbeiten gerade noch. |

### 6.3. Die Passivformen der Verben

Für Verben gibt es zwei Daseinsarten: die aktive und die passive Form. Bisher haben wir nur aktive Formen kennengelernt. Die Akteure küßten, streichelten, knuddelten. Passiv ausgedrückt hieße dies, sie würden geküßt, sie würden gestreichelt und sie würden geknuddelt. Passivische Konstruktionen haben per se nichts mit der Beschreibung masochistischen Erleidens zu tun.

*Geküßt werden durch* heißt im Italienischen **essere baciato da**. Das deutsche Verb *werden* muß mit dem Hilfsverb **essere** übersetzt werden, der Verursacher (durch wen?) wird mit **da** angefügt, das Verb steht als Partizip Perfekt: **essere + Partizip Perfekt + da**:

| | |
|---|---|
| **è stato** picchiato **da** sua moglie | er **ist von** seiner Frau geschlagen **worden** |
| **è stata** ingannata **da** suo marito | sie **ist von** ihrem Mann betrogen **worden** |

# GRAMMATIK II

### 6.4. Das Personalpronomen, Nachtrag

Wenn wir im Deutschen einzelne Satzteile hervorheben wollen, können wir dies tun, indem wir die Stimme an der entsprechenden Stelle ein wenig heben und eine Nuance länger dort verweilen. Typische Beispiele: "**Ich** (in Klammern mitgesprochen: für meine Person) liebe es zart!" oder "**Du** willst doch immer recht haben!" Auch ohne viel Feinfühligkeit erkennt der Zuhörer solcher Sätze, wie sehr egozentrisch die Diskussion plötzlich wird. Das Personalpronomen steht nicht mehr für sich allein -Sprecher oder Angeredete schlicht beschreibend- sondern grenzt ab, hebt sich selbst hervor, zieht Barrieren zwischen dem **Ich** und **dem (den) Anderen**.

Wenn sich Personalpronomen -vor allem jene der 1. und der 2. Person- wie ein roter Faden durch ein Gespräch ziehen, werden sie zu einem bestenfalls dubiösen Kapitel der italienisches Grammatik, Domäne und Spielplatz egozentrischer Naturen, Hort des geierhaften Lauerns und Urteilens, Stolperstein letztlich für jene romantischen Wesen, die in der Liebe Fusion, temporäre Selbstaufgabe und Grenzenlosigkeit suchen.

Mit der Verbform allein ist es im Italienischen nicht möglich, die Aufmerksamkeit auf die eigene megaloman erhöhte Person zu lenken. Es muß das betonte Personalpronomen her. Wir kennen die Formen aus dem ersten Grammatikkapitel. In den Konjugationstabellen finden wir sie zwischen Klammern geschrieben. Einige Beispielsätze:

**Io** (winzige Pause) non ho mai fatto l'amore con qualcun'altro.
**Ich** habe nie mit jemand anderem geschlafen.

**Tu** mi hai sempre tradito, sempre, da quando ci conosciamo.
**Du** hast mich immer betrogen, immer, seitdem wir uns kennen.

**Tu** hai sempre ragione.
**Du** hast immer recht.

## 6.5. Das betonte Personalpronomen

Wenn das Personalpronomen in einem anderen Fall als dem Nominativ steht, gleichzeitig aber betont werden soll, entstehen für Akkusativ, Dativ und Genitiv folgende Formen:

| Nominativ | | Akkusativ | | Dativ | | Genitiv | |
|---|---|---|---|---|---|---|---|
| io | ich | me | mich | a me | mir | di me | von mir |
| tu | du | te | dich | a te | dir | di te | von dir |
| lui | er | lui | ihn | a lui | ihm | di lui | von ihm |
| lei | sie | lei | sie | a lei | ihr | di lei | von ihr |
| Lei | Sie | Lei | Sie | a Lei | Ihnen | di Lei | von Ihnen |
| noi | wir | noi | uns | a noi | uns | di noi | von uns |
| voi | ihr | voi | euch | a voi | euch | di voi | von euch |
| loro | sie | loro | sie | a loro | ihnen | di voi | von ihnen |
| Loro | Sie | Loro | Sie | a Loro | Ihnen | di loro | von Ihnen |

Die betonten Formen der Personalpronomen müssen eingesetzt werden

1. In Verbindung mit bestimmten Präpositionen:

| | |
|---|---|
| Vieni **con me?** | Kommst du mit mir? |
| L'ho fatto **per te.** | Ich habe es für dich getan. |
| L'ho conosciuto **prima di te.** | Ich habe ihn vor dir kennengelernt. |

2. Nach Vergleichen:

Questa ragazza è più alta **di me.**   Dieses Mädchen ist größer als ich.

## 6.6. Verschmelzungen von Artikel und *da, in, su*

Ahnlich wie die Präpositionen **di** und **a** mit den bestimmten Artikeln verschmelzen, verschmelzen auch **da, in** und **su** mit ihnen:

| | il | lo | l' | la | l' | i | gli | le |
|---|---|---|---|---|---|---|---|---|
| **da** | dal | dallo | dall' | dalla | dall' | dai | dagli | dalle |
| **in** | nel | nello | nell' | nella | nell' | nei | negli | nelle |
| **su** | sul | sullo | sull' | sulla | sull' | sui | sugli | sulle |

Beispielsätze:

| | |
|---|---|
| Il preservativo è **nella** tasca. | Der Pariser ist in der Tasche. |
| Lui è sempre **dalla** madre. | Er ist immer bei seiner Mutter. |
| Il vino sta **sul** comodino. | Der Wein ist auf der Kommode. |

## 6.7. Zahlen von 13 bis 90

| | |
|---|---|
| trédici | 13 |
| quattórdici | 14 |
| quíndici | 15 |
| sédici | 16 |
| diciassette | 17 |
| diciotto | 18 |
| diciannove | 19 |
| venti | 20 |
| ventuno | 21 |
| ventidue | 22 |
| ventitre | 23 |
| ventiquattro | 24 |
| venticinque | 25 |

| | |
|---|---|
| ventisei | 26 |
| ventisette | 27 |
| ventotto | 28 |
| ventinove | 29 |
| trenta | 30 |
| quaranta | 40 |
| cinquanta | 50 |
| sessanta | 60 |
| settanta | 70 |
| ottanta | 80 |
| novanta | 90 |

Beachte: Bei den Zahlen **21, 28, 31, 38** etc. entfällt das endständig -e der Zehner: **trentuno, trentotto** etc.

# TIPS

## Computer-unterstützter Fremdsprachenunterricht

Der Computer macht auch vor dem Fremdsprachenunterricht keinen Halt! Was erreichbar ist, ist in der Tat beeindruckend. Durch einfache Frage-Antwort-Sequenzen wird erreicht, stündlich mindestens 50 Vokabeln zu lernen. Die Lerngeschwindigkeit hängt weniger von der Sprachbegabung als von der Geschwindigkeit ab, mit der die Finger die Antworten in die Computertastatur tippen. Bei hoher Schreibgeschwindigkeit sind stündlich problemlos 100 Vokabeln machbar! Es ist möglich, zwei bis drei Stunden täglich mit dem Computer zu arbeiten. Die Interaktion mit der Maschine hält uns wach, wir lassen uns von nichts ablenken. Das Vokabelpensum von 5 Jahren Gymnasium absolviert innerhalb von 6 Wochen Computer-Crash-Kurs: Realität in digitaler Zeit.

Der weniger geneigte Leser mag einwenden, daß der Computer nicht menschliche Kommunikation zu ersetzen vermag, daß Worthülsen, zumal herausgerissen aus dem Satzzusammenhang, kein Sprachgefühl vermitteln, schließlich, daß es konsequenzlos und opportunistisch sei, im Zusammenhang mit dem Liebesleben Technik-Monster wie Computer überhaupt zu erwähnen.

In der Tat, wir lernen Fremdsprachen mit Menschen. Nur dort machen sie Sinn, wir sind keine Bibliotheksratten aus romanistischen Fakultäten. Und ein Wort allein macht keinen Satz, noch weniger einen Sinn. Und dennoch sprechen gewichtige Gründe dafür, daß du, sofern verfügbar, zumindest deine eigenen Erfahrungen mit Computer-Lernprogrammen machen solltest, um zu entscheiden, ob sie für dich sinnvoll sind. Diese Gründe sind:

1. Durch die Prüfungssequenzen, die verlangen, daß die italienische Bedeutung eines deutschen Wortes eingetippt und im Fehlerfalle abgeschrieben werden muß, erreichst du eine nahezu 100%ig korrekte Orthographie.

2. Während eines Gespräches hast du genug Schwierigkeiten mit der Fülle der Grammatikregeln. Dein Hirn ist entlastet, wenn es nicht ständig auf der Suche nach verblichenen Wortfetzen ist.

3. Der Einwand, man müsse Fremdsprachen mit Menschen, nicht mit Computern lernen, ist nur vordergründig sympathisch, bei genauerem Hinsehen aber menschenfeindlich. Denn: wir sprechen mit Menschen, um sie zu verstehen, um uns ihnen verständlich zu machen und um unsere Lebenserfahrungen auszutauschen. Je schlechter ich sprachlich vorbereitet bin, um so holpriger die Kommunikation, um so rudimentärer der Diskurs. Je besser ich vorbereitet bin -durch lange, zuweilen auch mühsame Stunden einsamen Studiums- um so besser kann ich die Menschen in der Fremdsprache **schon von Anfang an** verstehen, um so begreiflicher kann ich mich selbst machen und um so vollständiger ist die Kommunikation. Und um so besser kann ich von Anfang an das aufgreifen, was Menschen mir in ihrer Sprache an Erfahrung und Ideen anbieten.

## Zwischen Hügeln und Lenden

In praktischen Übungen könnte während des Unterrichts versucht werden, die folgenden Begriffe zu mimen:

| | |
|---|---|
| dare uno schiaffo | eine Ohrfeige geben |
| sbottonare un vestito | ein Kleid aufknöpfen |
| slacciare un reggiseno | einen Büstenhalter aufmachen |
| éssere intraprendenti | unternehmungslustig sein |
| non farsi méttere i piedi in testa | sich nichts gefallen lassen |

# 7.

# Durchhängen

Der Kühlschrank vermodert, die Luft verpestet, stinkende Wäsche meterhoch: wer wüßte, aus welch desolaten Zuständen heraus verliebter Elan mitunter gedeihen kann, der/die würde zurückschrecken vor soviel unkoordiniertem Gefühl. Freudig wie Ferkel im Morast suhlt so mancher, wenn die Liebe erst einmal zuschlägt, zieht sich in den Bauchnabel zurück, steht mit den Gedanken im Abseits. Den Morast zügig trockenzulegen, dazu ist oft nur das Liebesideal in der Lage. Andernfalls trocknet ihn die Zeit. Das kann dauern.

...l'esser pallido, afflitto, in continue lacrime e sospiri,
il star mesto, il tacèr sempre o lamentarsi, il desiderar
di morire, in somma l'esser infelicissimo, son le condizioni
che si dicono convenir agl'innamorati."

(Baldesar Castiglione, *Il Cortegiano*, libro IV)

# La depressione

Diario del giorno:

— Alla fine l'ho ritrovata! Ha venticinque anni e abita dalle parti della facoltà. E, incredibile, le ho addirittura parlato! Al telefono, naturalmente, ma è lo stesso. Il primo passo è fatto. Abbiamo chiacchierato per qualche minuto e ha promesso di richiamarmi domani.

Due giorni dopo:

— Ieri sera avevo un appuntamento con un amico. L'ho chiamato per dirgli che ero malato. Poi, ho aspettato fino alle dieci la telefonata... sono andato a letto senza mangiare.

Quattro giorni dopo. I piatti si sono accumulati, la spazzatura è straripata. Un odore fetido comincia a invadere l'appartamento:

— Ancora nessuna notizia! Quando squilla il telefono mi precipito sull'apparecchio, ma niente: è sempre qualcun'altro. Non ho più voglia di parlare a nessuno, ma l'idea di staccare il telefono mi terrorizza. E se mi chiamasse proprio in quel momento? Ieri ho provato a chiamarla, ma mi ha risposto la segreteria. Oggi lo stesso. Sono quasi sicuro che è a casa, ma non vuole rispondere.

L'attesa si è prolungata per altri tre giorni. L'appartamento è diventato invivibile, le camere non vengono arieggiate da quasi una settimana. Un odore di muffa esce dal vecchio frigo.

Finalmente, dopo dieci giorni, ha telefonato. Lui aveva perso tre chili. Quando si è guardato allo specchio, aveva un aspetto spaventoso. Poi, ha preso il coraggio a due mani e si è messo a pulire l'appartamento. Non voleva assolutamente farsi vedere in quello stato!

## Vorspann

| | |
|---|---|
| l'esser(e) pállido | blaß zu sein |
| afflitto | traurig, betrübt |
| contínuo | nicht endend |
| la lácrima | die Träne |
| il sospiro | der Seufzer |

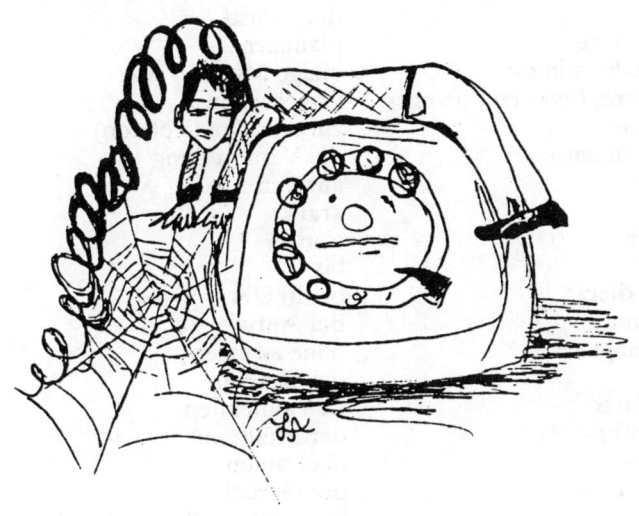

| | |
|---|---|
| mesto | archaisch: traurig |
| tacere | schweigen |
| lamentarsi | sich beklagen |
| desiderare | wünschen |
| morire | sterben |
| infelicíssimo | todunglücklich |
| la condizione | die Bedingung |
| si dícono | man sagt |
| convenire | hier: gut stehen |
| gli'innamorati | die Verliebten |

## Text

| | |
|---|---|
| la depressione | die Niedergeschlagenheit |
| | die Depression |
| alla fine | am Ende |
| ritrovare | wiederfinden |
| ha venticinque anni | sie ist 25 Jahre alt |
| dalle parti di | in der Nähe von |
| la facoltà | die Universität |
| incredíbile | unglaublich |
| addirittura | hier: sogar |
| il teléfono | das Telefon |

| | |
|---|---|
| naturalmente | natürlich |
| è lo stesso | hier: das ist egal |
| primo | erster |
| il passo | der Schritt |
| chiacchierare | plaudern |
| per qualche minuto | einige Minuten lang |
| prométtere; *Part.Perf.:* promesso | versprechen |
| richiamare | zurückrufen (Telefon) |
| l'appuntamento | die Verabredung |
| chiamare | anrufen |
| malato | krank |
| aspettare | warten |
| fino a | bis |
| fino alle dieci | bis 10 Uhr |
| la telefonata | der Anruf |
| senza mangiare | ohne zu essen |
| i piatti | das Geschirr |
| accumularsi | sich aufhäufen |
| la spazzatura | der Müll(eimer) |
| straripare | überlaufen |
| l'odore *m.* | der Geruch |
| fétido | fötide, stark übelriechend |
| cominciare a | beginnen zu |
| invádere; *Part.Perf.:* invaso | hier: sich ausbreiten in |
| l'appartamento | die Wohnung |
| ancora | noch |
| la notizia | die Nachricht |
| squillare | läuten (Telefon) |
| precipitarsi su | sich stürzen auf |
| l'apparecchio | der Telefonapparat |
| qualcun'altro | jemand anders |
| staccare | abklemmen |
| terrorizzare | erschrecken, entsetzen |
| se mi chiamasse | wenn sie mich anriefe |
| proprio in quel momento | genau in diesem Augenblick |
| provare a | versuchen zu |
| la segretería | hier: der Anrufbeantworter |
| lo stesso | das Gleiche |
| quasi | fast |
| sicuro | sicher |
| rispóndere; *Part.Perf.:* risposto | antworten |
| l'attesa | das Warten |
| prolungarsi | hier: sich dahinziehen |
| altri tre giorni | drei weitere Tage |
| diventare | werden |
| invivíbile | unbewohnbar |

| | |
|---|---|
| la cámera | das (Schlaf-)zimmer |
| arieggiare | lüften |
| non vengono arieggiate | sind werden nicht mehr gelüftet |
| la muffa | der Schimmel |
| uscire | herauskommen; hinausgehen |
| esce | er/sie/es kommt heraus |
| vecchio | alt |
| il frigo | der Kühlschrank |
| finalmente | schließlich |
| pérdere *Part.Perf.:* perso | verlieren |
| il chilo | das Kilo |
| guardarsi | sich betrachten |
| lo specchio | der Spiegel |
| guardarsi allo specchio | sich im Spiegel betrachten |
| l'aspetto | das Aussehen |
| spaventoso | entsetzlich, furchtbar |
| préndere *Part.Perf.:* preso | nehmen |
| il coraggio | der Mut |
| préndere il coraggio a due mani | sich ein Herz fassen |
| méttersi a | beginnen zu |
| pulire | säubern |
| farsi vedere | sich zeigen |
| in quello stato | in diesem Zustand |

# GRAMMATIK I

## 7.1. Präsens der Verben *bere* und *uscire*

**bere** *trinken*      **uscire** *hinausgehen*

| (io) | bevo | (io) | esco |
|---|---|---|---|
| (tu) | bevi | (tu) | esci |
| (lui/lei) | beve | (lui/lei) | esce |
| (noi) | beviamo | (noi) | usciamo |
| (voi) | bevete | (voi) | uscite |
| (loro) | bévono | (loro) | éscono |

Part.Perf.: bevuto      uscito

**uscire** bildet das Perfekt mit essere: **siamo usciti** *wir sind hinausgegangen*.

# GRAMMATIK II

## 7.2. Das Relativpronomen

Das gebräuchlichste Relativpronomen ist **che**. Es ist im Gegensatz zum Deutschen **unveränderlich**. Dies gilt sowohl für den Fall, daß es das Satzsubjekt vertritt:

L'uomo
La donna                                          mi ha baciato.

                      **che**

Gli uomoni                                        mi hanno baciato.
Le donne


Der Mann,            **der**
Die Frau,            **die**                              hat.

                              mich geküßt

Die Männer,          **die**                              haben.
Die Frauen,          **die**


als auch für den Fall, daß das Relativpronomen das Satzobjekt vertritt:

L'uomo
La donna

                      **che**              ho visto in piazza.

Gli uomoni
Le donne


Der Mann,            **den**
Die Frau,            **die**

                                    ich auf dem Platz gesehen habe.

Die Männer,          **die**
Die Frauen,          **die**


Wenn das Relativpronomen mit bestimmten Präpositionen (**con, a, di**) steht, so finden wir im Italienischen meist die Konstruktion **Präposition + cui**, wobei cui eleganterweise unveränderlich ist:

la donna **con cui** sono andato a letto
die Frau, **mit der** ich ins Bett gegangen bin

una donna **di cui** avevo sempre avuto paura
eine Frau, **vor der** ich immer Angst gehabt hatte

un uomo **di cui** sognavo sempre
ein Mann, **von dem** ich immer träumte

l'amica **a cui** avevo confessato la mia disgrazia
die Freundin, **der** ich mein Unglück gebeichtet hatte

## 7.3. Pluralbildung

Bei Substantiven und Adjektiven, deren Stamm auf **-co/-ca** oder **-go/-ga** endet (bosco *Wald*, collega, bocca *Mund*), wird bei der Bildung des Plurals ein **-h-** eingefügt, um den Gaumenlaut zu wahren: boschi, colleghe, bocche. Ausnahme: amico bildet den Plural **amici**, nemico *Feind* den Plural **nemici**.

Substantive oder Adjektive auf -co oder -go, die auf der drittletzten Silbe betont werden, schieben **kein -h-** ein: médico wird zu **médici**, síndaco *Bürgermeister* zu **síndaci**.

## 7.4. Besonderheiten der Betonung

Im Deutschen ist es möglich, einzelne Teile eines Satzes nur dadurch hervorzuheben, daß wir die Stimme anheben. **Ich** *hätte das nie gemacht* muß, wie schon früher besprochen, mit Hilfe des betonten Personalpronomen übersetzt werden: **Io** *non avrei mai fatto questo*. Sollen nun nicht Personalpronomina, sondern andere Satzteile hervorgehoben werden, bedient sich das Italienische einer Umschreibung: **è...che** im Singular, **sono...che** im Plural, wörtlich zu übersetzen etwa mit *es ist..., der* oder *es sind..., die* etc. Einige Beispiele:

**E' lui che** mi ha fatto più male.
**Er** hat mir am meisten weh getan.

**E' all'inizio che** avremmo dovuto fare dei compromessi.
**Am Anfang** hätten wir Kompromisse machen sollen.

**Sono le tue crisi di gelosia che** hanno rovinato tutto!
**Deine Eifersuchtsszenen** haben alles verdorben!

## 7.5. Die Wortstellung

Im Italienischen wird gemeinhin die Wortfolge des

**Subjekt - Prädikat - Objekt**

eingehalten. Dies ist deshalb so wichtig, weil Subjekt und Objekt der Form nach gleich sind. **Mio fratello** kann sowohl Subjekt *mein Bruder*, als auch Objekt *meinen Bruder* sein. Nur die Stellung innerhalb des Satzes definiert, was mio fratello schließlich ist:

Mio fratello ha incontrato mio padre.
Mein Bruder hat meinen Vater getroffen.

Mio padre ha incontrato mio fratello.
Mein Vater hat meinen Bruder getroffen.

Die Ordnung Subjekt-Prädikat-Objekt wird im Italienischen meist eingehalten, auch dort, wo im Deutschen das Verb vor das Subjekt zu stehen kommt, wie etwa nach adverbialen Zeitbestimmungen:

Ieri **ho visto** tu marito.
Gestern **habe ich** deinen Mann gesehen.

oder in Nebensätzen, wo das Partizip Perfekt beim konjugierten Hilfsverb steht:

Mi ha detto che aveva **visto tuo marito**.
Er sagte mir, er habe **deinen Mann gesehen**.

## 7.6. Die Steigerung der Adjektive

Adjektive kann man steigern. Steigern bedeutet in der ersten Stufe, daß die Eigenschaft eines Objekts im Vergleich zu den ähnlichen Eigenschaften anderer Objekte besonders betont wird (Komparativ: schöner, hübscher, kleiner, dicker etc). Steigern bedeutet in der zweiten Stufe die Aussage, daß die Eigenschaft bei keinem anderen Objekt so vollendet bzw. ausgeprägt sei wie hier (Superlativ: die schönste, die kleinste, die dickste). Im Deutschen werden Komparativ und Superlativ -die Beispiele zeigten es- durch Anhängen von Endungen an die Grundform der Adjektive gebildet. Im Italienischen ist es anders:

| Grundform | Komparativ | Superlativ |
|---|---|---|
| bello | **più** bello | **il più** bello |
| schön | schön**er** | der Schön**ste** |
| | | am schön**sten** |

| píccolo | **più** píccolo | **il più** píccolo |
|---------|-----------------|--------------------|
| klein | klei**ner** | der Klein**ste** |
| | | am klein**sten** |
| grosso | **più** grosso | **il più** grosso |
| dick | dic**ker** | der Dick**ste** |
| | | am dick**sten** |

Das vergleichende **als** wird ins Italienische mit **di** übersetzt:

| sono più innamorato **di** lei | ich bin verliebter **als** sie |
|---|---|
| il tuo naso è più bello **del** mio | deine Nase ist schöner **als** meine |

## 7.7. Zahlen von 100 bis fast unendlich

| cento | 100 |
|-------|-----|
| centouno | 101 |
| centodue | 102 |
| centootto | 108 |
| centodieci | 110 |
| duecento | 200 |
| trecento | 300 |
| mille | 1000 |
| duemila | 2000 |
| un milione | 1000000 |
| due milioni | 2000000 |

Beachte:

1. **Cento** wird nie verändert.

2. Der Plural von mille ist **mila**.

3. **Milione** ist ein Substantiv und wird über **di** mit nachfolgenden Substantiven verbunden: venti milioni di lire.

4. Bei **Jahreszahlen** stehen keine Hunderter, sondern **mille**: nel **millenovecentonovantadue** *(im Jahr)* 1992.

## 7.8. Körperteile

Die Kenntnis einzelner Körperteile kann den Liebenden zugemutet werden:

| la testa | der Kopf |
|----------|----------|
| l'occhio, *Pl.:gli occhi* | das Auge |
| l'orecchio | das Ohr |
| la bocca | der Mund |
| il naso | die Nase |

| il collo | der Hals |
| il seno | die Brust |
| il capello | das Haar |
| la pelle | die Haut |
| il braccio | der Arm |
| la mano | die Hand |
| il dito | der Finger |
| la gamba | das Bein |
| il piede | der Fuß |
| la schiena | der Rücken |
| il póllice | der Daumen |
| la lingua | die Zunge |
| il labbro | die Lippe |
| la barba | der Bart |

# TIPS

## Während der Reise

Die letzten Tips, die letzten guten Ratschläge. Du weißt, was im Leben der Fremdsprachenschüler wichtig ist: Wörter, hinterhältige Verben mit unzähligen Formen und schließlich Substantive mit all ihren Ergänzungen und Stellvertretern. Wie nun all dies umsetzen?

Sprache ist zum Sprechen da, und manch einer drängt sich danach ungestüm, will sich und den Umstehenden zeigen, was er mühevoll gelernt. Nichts gegen ein gesundes Extrovertiertsein, doch lauern dort Gefahren. Wer am Anfang zuviel redet, prägt sich die Sätze, die er spricht, besonders gut ein. Da er die Sprache nicht beherrscht, spricht er falsche Sätze. Falsche Sätze prägen sich ein. Besser wäre es, so wie das Kind zunächst den Erwachsenen sprachlos zuzuhören, um zu staunen, wie diese ihre Laute hervorbringen. Das intensive Zuhören braucht nur Tage bis wenige Wochen zu dauern, denn glücklicherweise lernen Erwachsene schneller als Kinder. Auf dem Hintergrund von allem, was bisher gesagt wurde, können wir für einen großen Teil der Lernenden das folgende Vorgehen empfehlen:

1. Studium zu Hause, zumeist über Büchern, eventuell am Computer. Wenn von Sprechübungen in Schule oder Studium begleitet, um so besser. Lernziel: mehrere tausend Vokabeln zu über 90% gewußt, alle Zeitformen der wichtigsten Verben beherrscht, die Grammatik im Überblick verstanden.

2. Reise ins Ausland. Lies, was immer dir zwischen die Finger gerät. Schlage täglich eine Stunde lang aus neuen Texten unbekannte Wörter in Wörterbüchern nach. Schreibe sie auf, wiederhole sie regelmäßig.

3. Sobald du angenehmen Leuten begegnest: Zuhören. Zuhören. Und noch einmal zuhören.

4. Verwende, wenn du länger zu sprechen beginnst, wo eben möglich Wörter oder Satzbruchstücke, die so schon einmal gehört wurden. Gleichzeitig: Punkt 2 nicht vernachlässigen.

Dies alles ist viel Arbeit, manch einer wähnt sich stressgeplagt. Es sei denn, das Wunder tritt ein: **dem** Mann oder **der** Frau zu begegnen, am besten natürlich nach Absolvierung von Punkt 1. Je ausgedehnter die Frühstücke, je länger die Spaziergänge und je intimer das Geflüster, desto schneller kann man auf Wörterbücher verzichten, Punkt 2 entfällt. Und Punkt 3 ist keine Qual mehr, wir hängen den Verliebten ohnehin an den Lippen. Und natürlich fällt nichts leichter, als dem geliebten Wesen all das zu wiederholen, was man gerade erst gelernt hat. Punkt 4. Die perfekte Spiegelbeziehung. L'Amour pur!

## Zwischen Hügeln und Lenden

| | |
|---|---|
| triste come la morte | todunglücklich |
| bidonare qu. | jn hereinlegen, übers Ohr hauen |
| cotto | wahnsinnig verliebt |
| andare fuori di testa | durchdrehen |

# 8.

# Reizmuster

Augen hell oder dunkel, Figur schlank oder vollschlank, Haare glatt oder gewellt, Nase kurz oder lang: alles in der Welt darf schön sein. Meist braucht es mehrerer Abenteuer, bis deutlich wird, daß ein bestimmter Typ gesucht wird, aus der Rattenphysiologie als "Reizmuster" bekannt. Details der Körperoberfläche formen das Reizmuster, oft orientiert an Anerkanntem, ebensooft an allerhand Lustigem und Skurrilem. Die Variationsbreite ist enorm, jede(r) von uns kann die Liebe auf den ersten Blick auslösen. Für jede(n) ist gesorgt.

La puerilità degli sguardi maschili
partisce i corpi femminili in lucrosi dettagli, che
nelle fantasie erotiche
sprovviste di senso estetico,
si gonfiano a dismisura.

(Valentino Zeichen, *Museo interiore*)

# I feticisti

Gli uomini sono veramente curiosi. L'altro ieri ho incontrato un amico, e di cosa mi ha parlato? Di una ragazza che aveva intravisto sul tram e che l'aveva fatto flippare. Combinazione, la conosco di vista e devo dire che non ha niente di eccezionale. Di donne come lei se ne trovano un casino. Ma non ho detto niente perché non volevo essere perfida.

Quando mi ha raccontato che i suoi piedi avrebbero fatto eccitare un morto, gli ho dato del feticista. L'aveva già notata mentre saliva sul tram; poi si è seduta davanti a lui e si è tolta i sandali per sgranchirsi le dita. Lui era come impazzito. Lei aveva dei piedi straordinari, stretti e bianchi e di una sensualità divina. E io che credevo che queste idee fossero tipiche dei Mediterranei!

Arrivato alla fermata successiva, senza riflettere, è sceso dal tram. Ma subito dopo, pentito, gli è venuta l'idea di seguirla. E sai cosa ha fatto? Ebbene, ha chiamato un taxi e ha seguito il tram. Quando l'ha vista scendere, si è precipitato da lei e le ha detto che aveva i piedi più belli del mondo. La ragazza l'ha riconosciuto subito e si è messa a ridere. Si sono scambiati gli indirizzi, e il colmo è che sia riuscito ad avere un appuntamento. Non ci posso credere!

C'è decisamente della gente che si lascia infinocchiare facilmente. Quanto a lui, mi chiedo che cosa ci trovi in lei. Ma, in fin dei conti, i gusti sono gusti.

## Vorspann

| | |
|---|---|
| la puerilità | die Knabenhaftigkeit |
| lo sguardo | der Blick |
| maschile | männlich |
| partire | teilen; schneiden |
| il corpo | der Körper |
| femminile | weiblich |
| lucroso | lohnend; einträglich |
| il dettaglio | die Einzelheit, das Detail |
| la fantasía | die Phantasie |

| | |
|---|---|
| erótico | erotisch |
| sprovvisto di | ohne; nicht versehen mit |
| il senso | der Sinn |
| estético | ästhetisch |
| gonfiarsi | sich aufblähen |
| a dismisura | maßlos |

## Text

| | |
|---|---|
| il feticista | der Fetischist |
| curioso | seltsam; neugierig |
| l'altro ieri | vorgestern |
| incontrare | treffen |
| di cosa mi ha parlato? | was hat er mir erzählt? |
| intravedere  *Part.Perf.:* intravisto | flüchtig sehen |
| sul tram | in der Straßenbahn |
| fare flippare | ausflippen lassen |
| la combinazione | der Zufall |
| conóscere di vista | vom Sehen kennen |
| non ha niente di | sie hat nichts |
| eccezionale | außergewöhnlich |
| se ne tróvano un casino | davon gibts jede Menge |
| pérfido | hinterhältig |
| raccontare | erzählen |
| il piede | der Fuß |
| fare eccitare | erregen |
| il morto | der Tote |
| gli ho dato del feticista | ich habe ihn einen Fetischisten genannt |
| già | schon |
| notare | bemerken |
| salire su | einsteigen in |
| sedersi | sich setzen |
| davanti a lui | vor ihn |
| tógliersi *Part.Perf.:* tolto | ausziehen |
| i sándali | die Sandalen |
| sgranchirsi | hier etwa: genüßlich bewegen |
| il dito;  *Pl.:* le dita | die Zehe; der Finger |
| impazzito | verrückt (geworden) |
| straordinario | außergewöhnlich |
| stretto | schmal; eng |
| bianco | weiß |
| la sensualità | die Sinnlichkeit |
| divino | göttlich |
| e io che credevo | und **ich** dachte |
| fóssero | *Congiuntivo II*: seien |
| típico | typisch |
| il Mediterráneo | Bewohner des Mittelmeerraums |

| | |
|---|---|
| la fermata | die Haltestelle |
| successivo | nächste, folgende |
| rifléttere | überlegen, nachdenken |
| scéndere *Part.Perf.*: sceso | aussteigen; hinabgehen |
| súbito dopo | sofort danach |
| pentirsi | bereuen |
| l'idea | die Idee, der Gedanke |
| seguire | folgen |
| sai cosa ha fatto? | weißt du, was er gemacht hat? |
| chiamare | rufen |
| il taxi | das Taxi |
| precipitarsi da | sich stürzen auf |
| i piedi più belli | die schönsten Füße |
| il mondo | die Welt |
| riconóscere | wiedererkennen |
| méttersi a rídere | zu lachen anfangen |
| scambiarsi | austauschen |
| l'indirizzo | die Adresse |
| il colmo | die Höhe *fig.* |
| che sia riuscito | daß es ihm gelungen ist |
| l'appuntamento | das Rendez-vous |
| non ci posso crédere | ich kann es nicht glauben |
| decisamente | tatsächlich |
| la gente | die Leute |
| lasciarsi infinocchiare | sich hereinlegen lassen |
| quanto a lui | was ihn betrifft |
| mi chiedo che cosa ci trovi in lei | ich frage mich, was er an ihr findet |
| in fin dei conti | schließlich |
| il gusto | der Geschmack |
| i gusti sono gusti | über Geschmack streitet man nicht |

# GRAMMATIK I

## 8.1. Präsens der Verben *piacere* und *scegliere*

**piacere** *gefallen*

| | |
|---|---|
| (io) | piaccio |
| (tu) | piaci |
| (lui/lei) | piace |
| (noi) | piacciamo |
| (voi) | piacete |
| (loro) | piácciono |

Part.Perf.: piaciuto

**scégliere** *wählen*

| | |
|---|---|
| (io) | scelgo |
| (tu) | scegli |
| (lui/lei) | sceglie |
| (noi) | scegliamo |
| (voi) | scegliete |
| (loro) | scélgono |

scelto

Cave: das Perfekt von **piacere** wird mit essere gebildet:

lei mi è piaciuta moltissimo
sie **hat** mir sehr gefallen.

## 8.2. Das Futur *(Zukunft)*

Das Futur bezeichnet Handlungen, die in der Zukunft liegen. Gedanken an die Zukunft können ängstlich stimmen, denn nichts bleibt so, wie es ist. Vor allem die, die fürchten, daß jede Veränderung ihres Lebens den augenblicklichen Zustand nur verschlechtern kann, müssen schlaflose Nächte bekommen. Diesen Menschen ist das Futur eine suspekte Zeitform, sie ängstigen sich vor ihm und haben Schwierigkeiten, es zu erlernen.

Ganz anders die Liebenden. Alles, was zukünftig ist, kann nur besser, größer, schöner, intensiver und vielfältiger werden. Die Perspektiven, die eine junge Liebe eröffnet, verlieren sich im Gigantischen. Im Futur finden die Liebenden die Zeitform, die ihnen adäquat ist. Mit dem Futur in der Hand projizieren sie ein neues Leben in eine neue Welt, skizzieren Pläne, gießen Formen. Das Futur ist eine sympathische Zeitform. Die Formen:

### 8.2.1 Futur der Verben auf *-are, -ere und -ire*

Zur Bildung der Futurformen werden die Infinitive um das endständige **-e gekürzt**, und hieran die Futurendungen gehängt:

| Infinitiv | verkürzter Infinitiv |
|-----------|----------------------|
| vendere   | vender-              |
| dormire   | dormir-              |
| capire    | capir-               |

Bei den Verben auf **-are** wird außerdem das Stamm-a in **-e-** verwandelt:
accarezzare    accarezzer-

Die Futurendungen entstanden ursprünglich aus den Präsensformen von
**avere:**

| **avere** | **Futurendungen** |
|---|---|
| **ho** | -ò |
| **hai** | -ai |
| **ha** | -à |
| **abbiamo** | -emo |
| **avete** | -ete |
| **hanno** | -anno |

Die Konjugationstabellen:

| **-are** | **-ere** | **-ire** | **-ire (-sc-)** |
|---|---|---|---|
| accarezzerò | venderò | dormirò | capirò |
| accarezzerai | venderai | dormirai | capirai |
| accarezzerà | venderà | dormirà | capirà |
| accarezzeremo | venderemo | dormiremo | capiremo |
| accarezzerete | venderete | dormirete | capirete |
| accarezzeranno | venderanno | dormiranno | capiranno |

### 8.2.2 Unregelmäßige Futurstämme

Einige wenige Verben haben unregelmäßige Futurstämme. Da sie häufig
vorkommen, werden sie zügig erlernt:

| **Infinitiv** | **1.Person Singular Futur** | |
|---|---|---|
| éssere | sarò | ich werde sein |
| avere | avrò | ich werde haben |
| godere | godrò | ich werde genießen |
| venire | verrò | ich werde kommen |
| vedere | vedrò | ich werde sehen |
| volere | vorrò | ich werde wollen |
| andare | andrò | ich werde gehen |
| rimanere | rimarrò | ich werde bleiben |
| sapere | saprò | ich werde wissen |
| fare | farò | ich werde machen |

# GRAMMATIK II

## 8.3. Wortstellung in Fragesätzen

Schon im ersten Kapitel lernten wir, daß Fragesätze im Italienischen sich oft nur durch den Tonfall von Aussagesätzen unterscheiden. **Vieni stasera.** *Du kommst heute abend.* würde, mit Fragezeichen versehen *Kommst du heute abend?* **Vieni stasera?** heißen. Diese einfache Form ist besonders beliebt, wenn das Satzsubjekt aus der Verbform hervorgeht oder ein Personalpronomen ist, hier also das unterstellte **tu**.

Ist das Satzsubjekt aber ein Substantiv (**la tua amica** *deine Freundin*), wird mitunter auch eine der beiden folgenden Konstruktionen gewählt:

L'hai vista, la tua amica?

oder

La tua amica, l'hai vista?

In beiden Fällen wird statt **la tua amica** das entsprechende Personalpronomen **la (l')** zum Satzobjekt, la tua amica selbst wird zur Satzergänzung, im ersten Fall nachgestellt, im zweiten Fall vorangestellt. Siehe auch:

E' a casa, tuo fratello?      Ist dein Bruder zu Hause?
Non è lesbica, tua sorella?      Ist deine Schwester nicht lesbisch?

In diesen beiden Beispielen ist è Satzsubjekt, Bruder und Schwester sind Satzergänzungen.

# Zwischen Hügeln und Lenden

Deine Lehrer werden dir bei der Nuancierung der folgenden Begriffe hilfreich sein:

cazzo
pisello
pesciolino

# 9.

# Liebeserklärung

Der Zweifel ist groß, die Unsicherheit mitunter fatal: wie soll der geliebte Mensch gedeutet, was von ihm gehalten werden, wenn er sich so distanziert gibt? Ist das nur die Schüchternheit, wie gute Stimmungen uns suggerieren, oder ist es ekelhafte Gleichgültigkeit, wie der Quälgeist der Depression unserem Gemüt nahelegt. Die Unsicherheit vernebelt zudem die Fähigkeit zur Erkenntnis. Sie herbeizuführen, dazu braucht es oft kapitalerer Vorstöße, desto ungeschickter, je kapitaler. Manch einer stolpert an seinem Glück vorbei.

> Ora che sei venuta,
> Che con passo di danza sei entrata
> nella mia vita
> quasi folata in una stanza chiusa..
> a festeggiarti, bene tanto atteso,
> le parole mi mancano e la voce
> e tacerti vicino già mi basta.

(Camillo Sbarbaro, *Versi a Dina*)

# La dichiarazione

I veri innamorati talvolta hanno delle difficoltà a dichiararsi. Più la posta in gioco è grande e più hanno paura. Perdono tempo, fanno delle avance goffe e rischiano di rovinare tutto. Io stesso ero uno di questi imbecilli che non ci sanno fare.

L'avevo conosciuta ad una gita scolastica in Italia. L'ultimo giorno il nostro gruppo aveva fatto un'escursione a Roma, e al ritorno mi si è presentata un'opportunità incredibile: eravamo seduti l'uno affianco all'altra in fondo al pulman. Per fortuna lei chiacchierava molto e questo compensava un po' la mia timidezza. Ma non sapevo come comportarmi. Non ero neanche sicuro di piacerle. Una sua amica mi aveva detto che aveva un ragazzo e che si trattava di una storia seria.

Per nascondere il mio imbarazzo, ho tirato fuori la mia armonica e ho suonato *Je t'aime moi non plus*. Risultato: si è addormentata! Mentre rimettevo a posto l'armonica, ho sentito un peso sulla spalla: era la sua testa! Ero come paralizzato. Non osavo più muovermi né respirare. Come potevo essere così imbranato!

— Stai dormendo?

La mia domanda era stupida. Lei ha aperto gli occhi.

— Posso lasciare la testa sulla tua spalla? Non ti da fastidio?

— No, no.

Avevo provato ad assumere un'aria distesa dicendo *no,no*, ma tutto è finito lì. Dai sedili davanti ho visto dei compagni italiani che mi facevano dei segni di incoraggiamento. Niente. Sono rimasto come un coglione, seduto accanto a lei, mentre le coppie si formavano a poco a poco nell'oscurità del pulman. Mi era impossibile prendere l'iniziativa nonostante il suo aiuto. Al nostro arrivo a scuola, non era successo niente. La storia era finita; non avevo saputo cogliere l'occasione. L'indomani sono tornato in Germania.

L'ultima immagine che ho di lei è mentre mi saluta ridendo e agitando un fazzoletto bianco.

Non sapevo che subito dopo la gita, lei aveva scritto nel suo diario:

— Ma dichiarati, insomma! Lo so che sei innamorato di me! E so anche che siamo fatti l'uno per l'altra. La prossima volta non mi scapperai!

Era una vera strega, ve lo posso assicurare.

## Vorspann

| | |
|---|---|
| ora | jetzt |
| il passo | der Schritt |
| la danza | der Tanz |
| la folata | der Windstoß, die Bö |
| la stanza | der Raum, das Zimmer |
| festeggiare | feiern |
| il bene | das Gut |
| atteso | erwartet |
| mancare | fehlen |
| la voce | die Stimme |
| tacere | schweigen |
| vicino | nahe |

## Text

| | |
|---|---|
| la dichiarazione | die Erklärung |
| l'innamorato | der Verliebte |
| talvolta | manchmal |
| avere delle difficoltà a | Schwierigkeiten haben zu |
| dichiararsi | hier: sich offenbaren |
| più...più | je...desto |
| la posta in gioco | der Einsatz |
| grande | groß |
| avere paura | Angst haben |
| fare delle avance | Annäherungsversuche machen |
| goffo | ungeschickt |
| rischiare di | das Risiko eingehen zu |
| rovinare | ruinieren; kaputtmachen |
| io stesso | ich selbst |
| l'imbecille *m.* | der Schwachkopf |
| non saperci fare | nicht wissen, wie man es anstellt |
| la gita | der Ausflug |
| la gita scolastica | der Schulausflug |
| l'último giorno | am letzten Tag |
| il gruppo | die Gruppe |

| | |
|---|---|
| l'escursione *f.* | der Ausflug |
| al ritorno | auf der Rückfahrt |
| presentarsi | sich bieten |
| mi si è presentata | es hat sich mir geboten |
| l'opportunità *f.* | die Gelegenheit |
| eravamo seduti | wir saßen |
| l'uno affianco all'altra | nebeneinander |
| il pulman | der Bus |
| in fondo al pulman | hinten im Bus |
| per fortuna | glücklicherweise |
| compensare | kompensieren, ausgleichen |
| la timidezza | die Schüchternheit |
| comportarsi | sich verhalten |
| non ero neanche sicuro | ich war nicht einmal sicher |
| piacere | gefallen |
| avere un ragazzo | einen Freund haben |
| trattarsi | sich handeln |
| la storia | die Geschichte |
| serio | ernst |
| nascóndere | verstecken |
| l'imbarazzo | die Verlegenheit |
| fuori | draußen |
| tirare fuori | hervorziehen |
| l'armonica | die Mundharmonica |
| suonare | spielen |
| il risultato | das Resultat |
| addormentarsi | einschlafen |
| rimettére a posto | wieder wegstecken |
| sentire | fühlen |
| il peso | das Gewicht |
| la spalla | die Schulter |
| come paralizzato | wie gelähmt |
| osare | wagen |
| muóversi | sich bewegen |
| né | noch |
| respirare | atmen |
| imbranato | hier: tölpelhaft |
| stai dormendo? | schläfst du? |
| la domanda | die Frage |
| stúpido | dumm |
| aprire *Part.Perf.:* aperto | öffnen |
| lasciare | lassen |
| ti da fastidio? | stört dich das? |
| provare a | versuchen zu |
| assúmere *Part.Perf.:* assunto | |
| l'aria | hier: die Miene |

| | |
|---|---|
| disteso | entspannt |
| lì | dort |
| il sedile | der Sitz (Bus) |
| davanti | vorn |
| fare dei segni | Zeichen machen |
| l'incoraggiamento | die Ermutigung |
| rimanere *Part.Perf.:* rimasto | bleiben |
| coglione | hier: Idiot |
| accanto a | neben |
| la coppia | das Paar |
| formarsi | sich bilden |
| a poco a poco | langsam (aber sicher) |
| l'oscurità *f.* | die Dunkelheit |
| mi era impossíbile | es war mir unmöglich |
| préndere l'iniziativa | die Initiative ergreifen |
| nonostante | trotz |
| l'aiuto | die Hilfe |
| al nostro arrivo | bei unserer Ankunft |
| a scuola | in der Schule |
| succédere *Part.Perf.:* successo | passieren |
| non era successo niente | es war nichts passiert |
| finire | beenden |
| cógliere *Part.Perf.:* colto | ergreifen |
| l'occasione *f.* | die Gelegenheit |
| l'indomani | am nächsten Tag |
| tornare in Germania | nach Deutschland zurückkehren |
| último | letzte |
| l'immágine *f.* | das Bild |
| salutare | grüßen |
| rídere *Part.Perf.:* riso | lachen |
| agitare | hin- und herbewegen |
| il fazzoletto | das Taschentuch |
| bianco | weiß |
| scrívere *Part.Perf.:* scritto | schreiben |
| insomma! | etwa: was ist denn los! |
| lo so che | ich weiß, daß |
| siamo fatti l'uno per l'altro | wir sind füreinander geschaffen |
| próssimo | nächste |
| la próssima volta | das nächste Mal |
| scappare | entkommen |
| non mi scapperai | du wirst mir nicht entkommen |
| la strega | die Hexe |
| assicurare | versichern |
| ve lo posso assicurare | das kann ich euch versichern |

# GRAMMATIK I

## 9.1. Präsens der Verben *rimanere* und *salire*

| **rimanere** *bleiben* | | **salire** *hinaufgehen* | |
|---|---|---|---|
| (io) | rimango | (io) | salgo |
| (tu) | rimani | (tu) | sali |
| (lui/lei) | rimane | (lui/lei) | sale |
| (noi) | rimaniamo | (noi) | saliamo |
| (voi) | rimanete | (voi) | salite |
| (loro) | rimángono | (loro) | sálgono |
| Part.Perf.: rimasto | | salito | |

Beide Verben bilden das Perfekt mit essere: **siete rimasti** *ihr seid geblieben*, **eravamo saliti** *wir waren hinaufgegangen*.

## 9.2. Das 2. Futur

Das 2. Futur drückt aus, daß eine zukünftige Handlung bereits vollendet sein wird, bevor eine andere einsetzt: **appena avrò finito il mio lavoro verrò a vederti** *sobald ich mit meiner Arbeit fertig bin, komme ich dich besuchen*. Beachte, daß dem **avrò finito** im Deutschen meist ein einfaches Präsens *fertig bin* entspricht.

Das 2. Futur wird außerdem eingesetzt, um eine Hypothese zu formulieren: **avrai capito male le mie intenzioni** *du hast meine Absichten sicher falsch verstanden*. In diesem Fall wird das 2. Futur mit dem deutschen *sicher* wiedergegeben. Wie aus dem Beispiel ersichtlich ist, eignet sich das 2. Futur in dieser zweiten Anwendung vorzüglich für spitzlippig formulierte Unterstellungen, Anklagen und Vorwürfe. Es bleibt daher vorzugsweise Auseinandersetzungen vorbehalten, die mit viel verbalem Engagement geführt werden. Das 2. Futur wird mit den Hilfsverben **essere** und **avere**, jeweils in den Futurformen (also **sarò, sarai, sarà** etc.; **avrò, avrai, avrà** etc.) + **Partizip Perfekt** gebildet. Zwei Konjugationstabellen:

| **capire** | **venire** |
|---|---|
| avrò capito | sarò venuto, -a |
| avrai capito | sarai venuto, -a |
| lui avrà capito | lui/lei sarà venuto, -a |
| noi avremo capito | noi saremo venuti, **-e** |
| voi avrete capito | voi sarete venuti, **-e** |
| loro avranno capito | loro saranno venuti, **-e** |

## 9.3. Veränderlichkeit des Partizips Perfekt

Die Endungen der Partizipen des Perfekts (scopato, comprato, venduto, tradito etc.) bleiben gemeinhin unverändert. Zwei wichtige Ausnahmen:

1. Einige Verben bilden die zusammengesetzten Zeiten mit dem Hilfsverb **essere**. Bei diesen Verben (*andare, venire, rimanere, stare etc.*) richtet sich die Endung des Partizips Perfekt in Geschlecht und Zahl nach dem Satzsubjekt. Dies wurde im zweiten Kapitel für das Verb **andare** besprochen. Ebenso ist es aus der vorstehenden Konjugationstabelle für das 2.Futur ersichtlich. Noch einmal zusammenfassend:

| | |
|---|---|
| sono venuto | ich bin gekommen (Mann) |
| sono venuta | ich bin gekommen (Frau) |
| siamo venuti | wir sind gekommen (Männer) |
| siamo venute | wir sind gekommen (Frauen) |

2. Die meisten Verben haben **avere** zum Hilfsverb. Das Partizip Perfekt endet fast immer unverändert auf **-o**. Verändert werden muß es nur, wenn dem Verb die Personalpronomen **la (l'), li, le** voraufgehen. Das Partizip Perfekt wird dann ähnlich wie die Verben unter (1) verändert:

| | |
|---|---|
| **li** ho vis**ti** | ich habe sie gesehen |
| non **l'**ho riconosciu**ta** | ich habe sie nicht wiedererkannt |
| non **le** hai compra**te**? | hast du sie nicht gekauft? |

## 9.4. Infinitivanschluß (I)

In dem Satz *Es ist gefährlich, sich zu verlieben* wird der Infinitiv *verlieben* mit **zu** an die Aussage, daß es gefährlich sei, angebunden. Im Italienischen fehlt in dem Beispielsatz eine Entsprechung für **zu**: *E' pericoloso innamorarsi.* Dieser **Infinitivanschluß ohne Präposition** ist zwingend nach Adjektiven und nach einer Reihe von Verben. Die Adjektive:

| | |
|---|---|
| è fácile | es ist leicht |
| è difficile | es ist schwer |
| è necessario | es ist nötig |
| è pericoloso | es ist gefährlich |
| è útile | es ist nützlich |
| è bello | es ist schön |

und die Verben:

| preferire | vorziehen |
|-----------|-----------|
| desiderare | wünschen |
| usare | pflegen |
| osare | wagen |
| basta | es genügt |
| bisogna | man muß |

Einige Beispiele:

Preferisco andare a letto súbito.
Ich ziehe es vor, sofort ins Bett **zu** gehen.

Desídero tanto avere un bambino.
Ich wünsche so sehr, ein Kind **zu** haben.

E' così bello dormire in due.
Es ist so schön, zu zweit **zu** schlafen.

Basta comprare i preservativi buoni.
Es reicht, gute Pariser **zu** kaufen.

# GRAMMATIK II

## 9.5. Volere, potere und dovere + Infinitiv

Die Verben **volere** *wollen*, **potere** *können* und **dovere** *müssen* stehen in den zusammengesetzten Zeiten gewöhnlich mit dem Hilfsverb **avere**:

| **aveva** voluto comprare un gelato | er **hatte** ein Eis kaufen wollen |
|---|---|
| non **ha** potuto fare l'amore | er **hat** nicht Liebe machen können |

In den Fällen aber, in denen der nachfolgende Infinitiv mit dem Hilfsverb **essere** konjugiert würde (etwa die Verben essere, rimanere, venire, andare etc.), wird **essere** auch zum Hilfsverb von volere, potere und dovere:

| non **sono** potuto andare | ich **habe** nicht gehen können |
|---|---|
| è voluto partire súbito | sie **hat** sofort abfahren wollen |
| **sei** dovuta andare dal médico? | **hast** du zum Arzt gehen müssen? |

## 9.6. Quello che...

Das deutsche "was", das im Sinne von "das, was ..." gebraucht wird, wird mit **quello che** oder **ciò che** ins Italienische übersetzt:

**Quello che** ti piace, lo devi fare.   **Was** dir gefällt, mußt du machen.
**Ciò che** che non vuoi, non lo fai.   **Was** du nicht willst, machst du nicht.


**Alles, was** wird mit **tutto quello che** oder **tutto ciò che** übersetzt:

**Tutto quello che** fa, è sbagliato.   **Alles, was** er macht, ist falsch.

# Zwischen Hügeln und Lenden

Konjugiere zusammen mit deinen Lehrern die Verben der folgenden Ausdrücke in allen nun geläufigen Zeitformen:

| | |
|---|---|
| **andare** a letto | ins Bett gehen |
| **méttersi** sotto la coperta | unter die Decke kriechen |
| **spégnere** la luce | das Licht ausmachen |
| **leccare** l'orecchio | das Ohr ablecken |
| **morsicare** le labbra | die Lippen (an)beißen |
| **pérdersi** l'uno dentro l'altra | sich ineinander verlieren |

# 10.

## Vorspiele zur Liebe

Gut wächst, was langsam gedeiht. Trotz alles Schnellebigen tasten manche nur langsam sich voran, mit zartem Finger und romantischem Blick. Der triumphale Höhepunkt wird am Horizont aufgebaut, ein gigantisches Zucker-Honig-Schlemmer-Dessert nach sich steigernden Antipasti, Primi und Secondi. Wenn darüber schließlich die Sonne verblaßt, steigen Feuerwerke empor, Fanfaren singen, und Herz und Zeit und Gedanken stehen still.

(...) Prima di rispondere,
aspetta un poco: l'ansia dell'attesa
alimenta l'amore. Ma sii cauta,
che l'attesa sia breve. A chi t'implora
non promettere troppo facilmente,
né troppo duramente rifiutare
ciò che ti chiede. Lascialo sperare
e temere ad un tempo (...)

(Ovidio, *L'arte d'amare*, v. 706-714)

# Preludi all'amore

— Allora, fatto?

— Fatto cosa?

— Te lo sei cuccato?

— No.

— Come? Perché continui a respingerlo?

— Non mi ha chiesto niente.

— Allora prendi l'iniziativa. Cosa aspetti?

— E' ancora troppo presto.

— Ma mio Dio, non siete normali! Troppo presto per che cosa?

— Cosa faresti se tu fossi al mio posto?

— Beh, gli toglierei gli occhiali, poi gli sbottonerei la camicia e gli pianterei le mani nella boscaglia, visto che è molto peloso.

— Smettila! Mi fai schifo! Non sei per niente romantica!

— Secondo te è meglio essere inibiti e guardare il proprio innamorato come un ebete?

— Ma lo amo!

— Proprio per questo. Ci sono un sacco di cose belle da fare, quando ci si ama. A letto, negli ascensori, sotto la doccia, sulle spiagge deserte, sul tappeto, davanti, di dietro, e qui mi fermo.

— Vuoi finirla? Sei proprio maniaca!

— Se fossi al tuo posto me la godrei, credimi.

— Non ci pensare neanche, il posto è occupato!

— Si potrebbe farlo in tre, egoista! Io che non ho uomini da mesi!

— Adesso basta! Se credi che ho voglia di dividerlo con te, stai fresca!

— Fedeltà in eterno, vero? La monogamia è di moda da quando c'è l'Aids.

- Ma stai zitta!
- Sessualità repressa, prudente e al limite un po' cattolica. E' questo che ti eccita?
- Non c'entra niente con la religione. E' solo che non voglio fare troppo in fretta. Mi piacciono troppo i preludi amorosi: le carezze, i baci...
- Insomma, pane, amore e fantasia.
- Si, pane, amore, ma anche vino.
- Senza dimenticare il pecorino, suppongo.
- E prima del pecorino, un buon piatto di lasagne fatte in casa.
- Preceduto da un antipasto di prosciutto e melone.
- Smettila, mi fai venire l'acquolina in bocca!
- Andiamo al ristorante, ti va una buona mangiata?
- Proprio non pensi ad altro che alla pancia! In tutti i sensi!
- Bisogna compensare, nella vita! Non ho un uomo, quindi mangio!

## Vorspann

| | |
|---|---|
| rispóndere | antworten |
| l'ansia | die Angst |
| l'attesa | das Warten |
| alimentare | ernähren; unterhalten |
| sii | sei (Imperativ) |
| cauto | vorsichtig |
| che sia | auf daß ... sei |
| breve | kurz |
| a chi | hier: wer |
| implorare | anflehen |
| né | weder |
| duro | hart |
| rifiutare | verweigern |
| lascialo sperare | laß ihn hoffen |
| temere | fürchten |
| ad un tempo | hier: zur gleichen Zeit |

## Text

| | |
|---|---|
| allora | also |
| fatto cosa? | was soll gemacht sein? |
| cuccarsi qu. | etwa: jn herumkriegen (ins Bett...) |
| continuare a fare qc. | weiterhin etwas tun |
| respíngere  *Part.Perf.:* respinto | zurückweisen; zurückdrängen |
| aspettare | warten |

| | |
|---|---|
| troppo | zu; zu sehr |
| troppo presto | zu früh |
| mio Dio | mein Gott |
| normale | normal |
| per che cosa | hier: wofür |
| cosa faresti | was würdest du machen |
| se tu fossi | wenn du wärest |
| al mio posto | an meiner Stelle |
| tógliere   *Part.Perf.:* tolto | hier: abnehmen |
| gli toglierei | ich würde ihm abnehmen |
| gli occhiali *m.* | die Brille |
| sbottonare | aufknöpfen |
| gli sbottonerei | ich würde ihm aufknöpfen |
| la camicia | das Hemd |
| piantare | pflanzen; hier: hineinstecken |
| gli pianterei | ich würde ihm hineinstecken |
| le mani | die Hände |
| la boscaglia | das Gehölz, der Wald; hier: Körperhaare |
| visto che | da, weil |
| peloso | behaart |
| sméttere   *Part.Perf.:* smesso | aufhören |
| sméttila! | hör auf! |
| fare schifo | anekeln |
| éssere per niente romántico | überhaupt nicht romantisch sein |
| secondo te | deiner Meinung nach |
| è meglio | es ist besser |
| éssere inibiti | verklemmt sein |
| guardare | ansehen, anschauen |
| proprio | hier: eigen |
| un ébete | der Schwachkopf, der Blödian |
| amare | lieben |
| proprio per questo | eben deshalb |
| un sacco di | viele |
| la cosa | die Sache |
| quando ci si ama | wenn man sich liebt |
| negli ascensori | in Aufzügen |
| sotto | unter |
| la doccia | die Dusche |
| la spiaggia | der Strand |
| deserto | hier: menschenleer |
| il tappeto | der Teppich |
| davanti | hier: von vorn |
| di dietro | von hinten |
| fermarsi | aufhören; anhalten |
| vuoi finirla! | willst du endlich aufhören! |
| proprio | hier: wirklich |

| | |
|---|---|
| maníaco | (sex-)besessen |
| se fossi al tuo posto | wenn ich an deiner Stelle wäre |
| godersela | hier: etwas auskosten |
| non ci pensare neanche | du brauchst gar nicht daran zu denken |
| il posto | der Platz, die Stelle |
| occupato | besetzt |
| si potrebbe | man könnte |
| farlo in tre | es zu dritt machen |
| egoista | Egoist |
| io che non ho | ich, die ich nicht habe |
| da mesi | seit Monaten |
| adesso | jetzt |
| divídere    *Part.Perf.*: diviso | teilen |
| stare fresca | |
| la fedeltà | die Treue |
| in eterno | bis in alle Ewigkeit |
| la monogamía | die Monogamie |
| éssere di moda | Mode sein |
| da quando | seitdem |
| stai zitta! | halt den Mund! |
| la sessualità | die Sexualität |
| reprímere    *Part.Perf.*: represso | unterdrücken |
| prudente | vorsichtig |
| al límite | notfalls |
| cattólico | katholisch |
| eccitare | erregen |
| non c'entra niente con | das hat nichts zu tun mit |
| la religione | die Religion |
| è solo che non voglio | nur will ich nicht mehr |
| fare troppo in fretta | es zu schnell machen |
| mi piácciono | mir gefallen |
| insomma | hier: also |
| il pane | das Brot |
| la fantasía | die Phantasie |
| il vino | der Wein |
| senza dimenticare | ohne zu vergessen |
| il pecorino | der Schafskäse |
| supporre    *Part.Perf.*: supposto | vermuten, annehmen |
| il piatto | der Teller |
| fatto in casa | hausgemacht |
| precédere | vorausgehen |
| l'antipasto | die Vorspeise |
| il prosciutto | der Schinken |
| il melone | die Melone |
| far venire l'acquolina in bocca | das Wasser im Mund zusammenlaufen lassen |

| | |
|---|---|
| il ristorante | das Restaurant |
| ti va | bist du einverstanden mit |
| una buona mangiata | ein gutes Essen |
| non pensi ad altro che | du denkst an nichts anderes als |
| la pancia | der Bauch |
| in tutti i sensi | in jeder Hinsicht |
| compensare | kompensieren |
| nella vita | im Leben |
| quindi | also, folglich. |

# GRAMMATIK I

## 10.1. Präsens der Verben *tenere* und *porre*

| **tenere** *halten* | | **porre** *setzen, stellen* | |
|---|---|---|---|
| (io) | tengo | (io) | pongo |
| (tu) | tieni | (tu) | poni |
| (lui/lei) | tiene | (lui/lei) | pone |
| (noi) | teniamo | (noi) | poniamo |
| (voi) | tenete | (voi) | ponete |
| (loro) | tengono | (loro) | pongono |
| Part.Perf.: tenuto | | posto | |

## 10.2. Das Konditional I

Das Konditional I (einfache Bedingungsform) wird ähnlich wie das Futur gebildet. An den Futurstamm werden die Endungen **-ei, -esti, -ebbe** für die Singularformen und **-emmo, -este, -ebbero** für die Pluralformen angehängt.

Wir begegnen einer der spannendsten Zeitformen überhaupt: der Dimension der Träumerei und der schwungvollen Utopie! Während im Futur noch die unmittelbar machbaren Lebensentwürfe vorgezeichnet werden, schweift das Konditional I weiter. Das starke **faremmo** *wir würden machen* ist fast gefährlich bedeutungsschwanger, setzt es doch eine Reihe von Bedingungen voraus, die noch eintreten müssen, damit gewünschte Verhältnisse eintreten. Das Konditional I wird damit zum Katalysator unzähliger Aktivitäten, die gebündelt auf gesteckte Ziele gerichtet werden. Damit wird es zu einer befreienden Kategorie: Es fällt das Dogma, das wir nur das sind, was unsere Vergangenheit aus uns machte. Tatsächlich werden wir in unserer Gegenwart ebenso stark durch **quello che potremmo fare** *was wir machen könnten* geprägt. Konditioniert sowohl durch die

Vergangenheit als auch durch die potentielle Zukunft, erleben wir die letztere als erfrischender und erlösender, weil offener, variabler, formbarer, nicht festgelegt und festgeschrieben auf alle Zeiten. Die Formen:

### 10.2.1 Konditional I der regelmäßigen Verben

| Verben auf | -are | -ere | -ire |
|---|---|---|---|
| (io) | accarezzerei | venderei | sentirei |
| | *ich würde streicheln etc* | | |
| (tu) | accarezzeresti | venderesti | sentiresti |
| (lui/lei) | accarezzerebbe | venderebbe | sentirebbe |
| (noi) | accarezzeremmo | venderemmo | sentiremmo |
| (voi) | accarezzereste | vendereste | sentireste |
| (loro) | accarezzerébbero | venderébbero | sentirébbero |

### 10.2.2 Das Konditional I von *essere* und *avere*

| | éssere | avere |
|---|---|---|
| (io) | sarei | avrei |
| *ich* | *wäre* | *hätte etc.* |
| (tu) | saresti | avresti |
| (lui/lei) | sarebbe | avrebbe |
| (noi) | saremmo | avremmo |
| (voi) | sareste | avreste |
| (loro) | sarébbero | avrébbero |

### 10.2.3 Verben mit unregelmäßigem Futurstamm

Die Verben, die einen unregelmäßigen Futurstamm haben, benutzen diesen auch zur Bildung der Formen des Konditional I:

| Infinitiv | 1.Person Singular | |
|---|---|---|
| godere | godrei | ich würde genießen |
| venire | verrei | ich würde kommen |
| vedere | vedrei | ich würde sehen |
| volere | vorrei | ich würde wollen |
| andare | andrei | ich würde gehen |
| rimanere | rimarrei | ich würde bleiben |
| sapere | saprei | ich würde wissen |
| dovere | dovrei | ich würde müssen |

| | | |
|---|---|---|
| fare | farei | ich würde machen |

## 10.3. Partizip Perfekt, Nachtrag

Es gibt einige Verben, die im Deutschen die zusammengesetzten Zeitformen mit dem Hilfsverb *sein* bilden, während ihre italienischen Entsprechungen nach *avoir* verlangen. Es sind dies vor allem Verben, die eine Bewegungsart beschreiben:

| | |
|---|---|
| nuotare | schwimmen |
| camminare | gehen, laufen, wandern |
| saltare | springen |

Beispiele:

| | |
|---|---|
| **ho** camminato | ich **bin** gelaufen |
| **avevi** nuotato | du **warst** geschwommen |
| **sarà** saltato | sie wird gesprungen **sein** |

## 10.4. Der Infinitivanschluß (II)

Im letzten Kapitel wurde die erste Möglichkeit aufgezeichnet, einen Infinitiv an vorausgehende Satzteile anzuschließen. Dargelegt wurden die Fälle, in denen es im Italienischen keiner Präposition bedarf, etwa nach Adjektiven und einigen Verben. Nachstehend seien die Situationen aufgezeigt, in denen der Infinitiv mit **di** angeschlossen wird.

Nach Substantiven:

| | |
|---|---|
| avere la possibilità **di** | die Möglichkeit haben **zu** |
| avere intenzione **di** | die Absicht haben **zu** |
| avere la pazienza **di** | die Geduld haben **zu** |

Einige Verben:

| | |
|---|---|
| decídere **di** | entscheiden **zu** |
| cercare **di** | versuchen **zu** |
| tentare **di** | versuchen **zu** |
| evitare **di** | vermeiden **zu** |
| perméttere **di** | erlauben **zu** |
| sperare **di** | hoffen **zu** |
| consigliare **di** | raten **zu** |
| terminare **di** | aufhören **zu** |

# GRAMMATIK II

## 10.5. Vergleich der Adjektive

Wenn ein Vergleich zwischen zwei Dingen zu dem Schluß kommt, daß beide Dinge gleich schön, gleich groß etc. seien, wird im Italienischen **(tanto...) quanto** gebraucht. Bedenke, daß Vergleiche nicht immer gern gehört werden:

| | |
|---|---|
| Lei era **tanto** ténero **quanto** te. | Sie war **so** zärtlich **wie** du. |
| Tu sei dolce **quanto** lui. | Du bist **so** sanft **wie** er. |

## 10.6. Die Ordnungszahlen von 1 bis 10

| | |
|---|---|
| 1. primo, -a | erste |
| 2. secondo, -a | zweite |
| 3. terzo, -a | dritte |
| 4. quarto, -a | vierte |
| 5. quinto, -a | fünfte |
| 6. sesto, -a | sechste |
| 7. séttimo, -a | siebte |
| 8. ottavo, -a | achte |
| 9. nono, -a | neunte |
| 10. décimo, -a | zehnte |

Beachte bei Datumsangaben, daß nur der erste Tag eines Monats mit der Ordnungszahl, alle anderen Tage mit den Grundzahlen bezeichnet werden:

| | |
|---|---|
| il primo gennaio | am 1.Januar |
| il trenta settembre | am 30.September |

## Zwischen Hügeln und Lenden

Fragt eure Lehrer, wie die folgenden deutschen Begriffe zu übersetzen sind:

Oralverkehr
Analverkehr
Missionarsstellung
Kaninchenstellung
Spanisch

# 11.

## Leidenschaften

Die Betten werden nicht mehr
kalt, im Unterleib und in dessen
Ausstülpung liegt ein süß-säuer-
licher Druck, Zungen bewegen
sich im Schlaf: die Liebenden
wollen nicht aufhören, was erst
einmal begann. Die Welt wird
zur Spielwiese, die Arbeitskraft
krankgeschrieben, die Zeit zu
Endlosferien. Die Umwelt, zu-
rückgestoßen und verstört, unkt,
daß der Spuk nicht ewig dauere,
die Liebenden, im Rausch, weisen soviel Lebensweisheit zurück, wissen, daß bei ihnen alles
anders sein wird, und ziehen sich
erneut zurück, schließen die Augen und machen das Liebesbett
zu einer Zwillingsschaukel.

> (...) Il gemito d'amore
> deve nascer da sé, dalla sua bocca:
> voglio ch'ella mi dica d'andar presto
> o di fare più piano. Oh, ch'io la vedo,
> smarriti gli occhi e tutta delirante
> ch'io l'oda dire nel languore estremo:
> "O basta, basta, non toccarmi più!"
>
> (Ovidio, *Arte d'amare*, v. 1031-1038)

# L'amore folle

Passiamo delle giornate meravigliose! Da quando ci siamo dichiarato il nostro amore, siamo praticamente scomparsi dalla circolazione. Trascorriamo il tempo facendo passeggiate lungo il fiume, ma è anche vero che passiamo molto tempo a letto, a baciarci, a farci delle coccole, ad accarezzarci, e non smettiamo di parlare e di raccontare di noi. Il mondo non sembra più esistere. Da giorni non leggo più il giornale né ascolto le notizie. Se il mondo crollasse, credo che neanche ce ne accorgeremmo.

E' così dolce stare tra le sue braccia. Quando mi dice che era completamente disperato all'idea di non ritrovarmi più, non riesco a crederci. Eppure uno dei suoi amici mi ha confermato che si era completamente lasciato andare pensando di non rivedermi. Addirittura, il suo appartamento era diventato uno schifo.

Come avrei voluto essere lì per rassicurarlo, coccolarlo, sussurrargli il mio amore. Ho l'impressione di conoscerlo da sempre. Mi è così familiare! E' come se fossimo nati insieme, avessimo fatto le stesse esperienze, vissuto le stesse paure e subito le stesse ferite. Mi sento capita, amata, accettata... divina!

La notte, quando mi addormento, il mio ultimo pensiero è per lui. La mattina, quando mi sveglio, la prima immagine che mi viene in mente è la sua. Mi fa impazzire, sento la sua presenza attraverso tutti i pori della pelle. Posso fare qualsiasi cosa e lui è sempre lì, lo sento fisicamente come un mantello che mi avvolge e mi riscalda.

Cosa non farei perché non finisse mai! L'amore è dire sí alla vita, è un grido di gioia e di liberazione.

## Vorspann

| | |
|---|---|
| il gémito | der Schrei |
| náscere *Part.Perf.:* nato | geboren werden |

| da sé | hier: von allein |
|---|---|
| presto | bald; früh |
| piano | leise; langsam |
| smarrito | verstört |
| delirante | im Delir |
| oda | archaisch: ich höre |
| il languore | das Schmachten; die Sehnsucht |
| toccare | berühren |

## Text

| folle | verrückt |
|---|---|
| passare | verbringen |
| la giornata | der Tag |
| meraviglioso | herrlich |
| da quando | seitdem |
| praticamente | praktisch |
| scomparire; *Part.Perf.:* scomparso | verschwinden |
| la circolazione | der Verkehr |
| trascórrere  *Part.Perf.:* trascorso | verbringen |
| facendo | Gerundium von *fare* |
| la passeggiata | der Spaziergang |
| lungo | entlang |
| il fiume | der Fluß |
| farsi delle cóccole | schmusen |
| sméttere  *Part.Perf.:* smesso | aufhören |
| raccontare | erzählen |
| sembrare | scheinen |
| esístere | existieren |
| da giorni | seit Tagen |
| il giornale | die Zeitung |
| ascoltare | hören, zuhören |
| le notizie | die Nachrichten |
| crollare | hier: in sich zusammenfallen |
| se il mondo crollasse | wenn die Welt in sich zusammenfallen würde |
| accórgersi di qc. | etwas wahrnehmen |
| non ce ne accorgeremmo | wir würden es nicht wahrnehmen |
| dolce | süß, sanft |
| tra | zwischen |
| il braccio;  *Pl.:* le braccia | der Arm |
| disperato | verzweifelt |
| all'idéa | bei dem Gedanken |
| ritrovare | wiederfinden |
| non riesco a | es gelingt mir nicht zu |
| eppure | und doch |
| confermare | bestätigen |
| lasciarsi andare | sich gehen lassen |

| | |
|---|---|
| rivedere *Part.Perf.:* rivisto | wiedersehen |
| addirittura | hier: sogar |
| diventare | werden |
| lo schifo | der Ekel |
| come avrei voluto | wie gern wäre ich |
| lì | dort, da |
| rassicurare | beruhigen |
| coccolare | verwöhnen (Zärtlichkeit) |
| sussurare | flüstern |
| avere l'impressione di | den Eindruck haben zu |
| da sempre | seit immer |
| familiare | vertraut |
| náscere *Part.Perf.:* nato | geboren werden |
| è come se fossimo nati | es ist so, als seien wir geboren |
| insieme | zusammen |
| come se avéssimo fatto | als hätten wir gemacht |
| lo stesso | der gleiche; derselbe |
| l'esperienza | die Erfahrung |
| vívere *Part.Perf.:* vissuto | leben; erleben |
| la paura | die Angst |
| subire | erleiden |
| la ferita | die Verletzung |
| sentirsi | sich fühlen |
| divino | göttlich |
| addormentarsi | einschlafen |
| il pensiero | der Gedanke |
| la mattina | morgens |
| svegliarsi | aufwachen |
| l'immágine *f.* | das Bild |
| venire in mente | in den Sinn kommen |
| far impazzire | verrückt machen |
| la presenza | die Anwesenheit |
| attraverso | durch (hindurch) |
| i pori | die Poren |
| la pelle | die Haut |
| qualsiasi cosa | irgend etwas; egal was |
| físico | körperlich |
| il mantello | der Mantel |
| avvólgere *Part.Perf.:* avvolto | einhüllen |
| riscaldare | erhitzen; heizen |
| cosa non farei | was würde ich nicht (alles) tun |
| perché non finisse mai | damit es nie endet |
| dire sí alla vita | Ja zum Leben sagen |
| il grido | der Schrei |
| la gioia | die Freude |
| la liberazione | die Befreiung |

# GRAMMATIK I

## 11.1. Das Konditional II

Das Konditional II wird mit den **Hilfsverben im Konditional I** (avrei, avresti, avrebbe; avremmo, avreste, avrebbero) + **Partizip Perfekt** gebildet: **avrei amato** *ich hätte geliebt*.

So begeisterungswürdig das Konditional I des letzten Kapitels war, so bedenklich, um nicht zu sagen unsympathisch ist das Konditional II. Die irreale Bedingungsform ist die in grammatische Strukturen gegossene Weinerlichkeit schlechthin. Rückblickend auf die Vergangenheit wird gesagt, was wir hätten machen können, wenn bestimmte Dinge eingetreten wären, was wir dann gehabt hätten, kurz, was alles in der Welt und in unserem Leben anders, besser und schöner gewesen wäre, wenn das grausame Schicksal uns nicht so übel mitgespielt hätte. So kühn und lebenslustig ein **farei** *ich würde machen* in die Zukunft schaut, so apathisch klebt ein **avrei fatto** *ich hätte gemacht* an den ohnehin unabwendbaren Geschehnissen der Vergangenheit fest.

Damit nicht genug. Ein weiteres Charakteristikum des Konditional II ist die Besserwisserei. **Al posto tuo avrei fatto...** *An deiner Stelle hätte ich ...* *gemacht*, Nonsense-Sätze, denn niemals wäre jemals anders an meiner Stelle, und einem Besserwisser würden wir ohnehin nicht Einblick in unsere inneren Beweggründe geben. Außerdem hat alles, was wir tun, einen guten Grund, Gutes wie Schlechtes.

Ein schwacher Lichtblick erhellt dennoch das Konditional II. Wenn die Weinerlichkeit nicht Selbstzweck bleibt, sondern aus der Rückschau des vergangenen Verpaßten der Keimling für Besserung, Vervollkommnung und effizienteres Lebensmanagement schlüpft **Avrei dovuto agire diversamente, ho fatto una cazzata.** *Ich hätte anders handeln sollen, ich habe eine Dummheit begangen.*, dann wird diese Zeitform zumindest in Ansätzen rehabilitiert. Trotz eines lädierten Images nachstehend zwei Konjugationstabellen des Konditional II:

| | |
|---|---|
| avrei fatto | sarei tornato, -a |
| avresti fatto | saresti tornato, -a |
| avrebbe fatto | sarebbe tornato, -a |
| avremmo fatto | saremmo tornati, -e |
| avreste fatto | sareste tornati, -e |
| avrébbero fatto | sarébbero tornati, -e |

## 11.2. Der Infinitivanschluß (III)

Nachstehend einige Verben, die den Infinitiv mit **a** anschließen:

| | |
|---|---|
| cominciare **a** | anfangen **zu** |
| riuscire **a** | gelingen **zu** |
| persuadere **a** | überreden **zu** |
| rinunciare **a** | darauf verzichten **zu** |
| prepararsi **a** | sich darauf vorbereiten **zu** |
| aiutare **a** | helfen **zu** |
| esitare **a** | zögern **zu** |
| invitare **a** | einladen **zu** |

Die Präposition **da** wird nur zusammen mit den Verben **avere** und **essere** gebraucht, um den Infinitiv anzuschließen:

| | |
|---|---|
| Non **ho** niente **da** fare. | Ich **habe** nichts **zu** tun. |
| Non è una cosa **da** fare. | Das tut man nicht. |
| | wörtlich: das ist nicht eine Sache zu tun |

# GRAMMATIK II

## 11.3. Zwei Personalpronomen beim Verb

In dem Satz *ich gebe es dir* stehen zwei Personalpronomen beim Verb, *es* und *dir*. Erstens stehen sie im Deutschen **nach** dem Verb bzw. Hilfsverb, zweitens steht das direkte Objekt *es* vor dem indirektem Objekt *dir*. Beides ist im Italienischen anders: die Personalpronomen stehen **vor** dem Verb und das indirekte Objekt vor dem direkten. Und als dritte Besonderheit wandeln sich die Personalpronomen mi, ti, ci, vi, si in **me, te, ce ,ve** und **se**, wenn sie in der Tandemkonstellation als indirektes Objekt gebraucht werden:

| | |
|---|---|
| me lo | es mir |
| te lo | es dir |
| glielo | es ihr, es ihm |
| ce lo | es uns |
| ve lo | es euch |
| glielo | es ihnen |

sowie:

| | |
|---|---|
| se lo | es sich |

Beispiele:

| | |
|---|---|
| Me lo fai? | Machst du es mir? |
| Me la dai? | Gibst du sie mir? |
| Te lo succhio. | Ich lutsche ihn dir. |
| Non glielo fare! | Mach es ihm nicht! |

## 11.4. Was für ein...

Der Satz *Welcher Schlafanzug gefällt die am besten?* kann auf zweierlei Weise wiedergegeben werden:

**Che** pigiama ti piace di più?
**Quale** pigiama ti piace di più?

**Che** wird nie verändert, während **quale** den Plural **quali** bildet:

**Quali** sono le ragazze che ti piácciono di più?
Welche Mädchen gefallen dir am meisten?

**Quali** sono le tue prátiche preferite?
Welche sind deine Lieblingspraktiken?

## 11.5. Der Teilungsartikel

Wenn eine Teilmenge eines Stoffes bezeichnet werden soll, steht im Deutschen kein Artikel: *wir gehen Bücher kaufen.* Im Italienischen muß in diesen Fällen der sogenannte Teilungsartikel stehen. Der Teilungsartikel wird gebildet aus der Kombination von **di + Artikel** sowie all den daraus möglichen Verschmelzungen (siehe Kapitel 6): andiamo a comprare **dei** libri.

Der Teilungsartikel wird im Italienischen bei weitem nicht so häufig gebraucht wie etwa im Französischen. Vor allem steht er nicht:

1. In Fragen oder verneinten Sätzen:

| | |
|---|---|
| Abbiamo comprato vino? | Haben wir Wein gekauft? |
| Non abbiamo più carta igiénica. | Wir haben kein Toilettenpapier mehr. |

2. nach den meisten Präpositionen:

| | |
|---|---|
| Viviamo senza soldi. | Wir leben ohne Geld. |
| L'ho fatto per amore. | Ich habe es aus Liebe gemacht. |

## 11.6. tutto

**Tutto** wird vor Substantiven mit *ganz* oder *alle* übersetzt. Die Endung **-o** wird dem Geschlecht und der Zahl des Substantivs angepaßt. Es steht immer vor den Artikeln (il, la, le), Possessivpronomen (il mio, la tua etc.) oder Determinativpronomen (questo, questa etc.):

| | |
|---|---|
| con **tutto** il mio amore | mit meiner **ganzen** Liebe |
| tutti i miei amici | **alle** meine Freunde |
| tutta questa tenerezza | **all** diese Zärtlichkeit |
| tutte queste emozioni | diese **ganzen** Emotionen |

Beachte:

| | |
|---|---|
| tutt'e due | alle beide |

Das deutsche **alles** wird mit **tutto** übersetzt:
Hai capito **tutto**?  Hast du **alles** verstanden?

Wenn **tutto** bei Adjektiven steht, wird es mit **ganz** übersetzt:

Era **tutto** eccitato mentre la guardava.
Er war **ganz** erregt, während er sie anschaute.
Era **tutto** sorpreso, quando ha visto il suo rivale.
Er war **ganz** überrascht, als er seinen Rivalen sah.

## 11.7. Die Ordnungszahlen von 11 bis 20

Ab der Zahl 11 werden die Ordnungszahlen durch Anhängen von **-ésimo** an die entsprechende Grundzahl gebildet. Nicht betonte Endungsvokale (undici, dodici etc.) fallen weg:

| | |
|---|---|
| l'undic**ésimo, -a** | der/die elfte |
| il/la dodic**ésimo, -a** | der/die zwölfte |
| il/la tredic**ésimo, -a** | der/die dreizehnte |
| il/la quattordic**ésimo, -a** | der/die vierzehnte |
| il/la quindic**ésimo, -a** | der/die fünfzehnte |
| il/la sedic**ésimo, -a** | der/die sechzehnte |
| il/la diciassett**ésimo, -a** | der/die siebzehnte |
| il/la diciott**ésimo, -a** | der/die achtzehnte |
| il/la diciannov**ésimo, -a** | der/die neunzehnte |
| il/la vent**ésimo, -a** | die/die zwanzigste |

# Zwischen Hügeln und Lenden

| | |
|---|---|
| scatenarsi | sich entfesseln |
| tubare | schmusen |
| avere qu nella pelle | jn in der Haut haben |
| coccolone | wer sich gern hätscheln läßt |
| coccolare | hätscheln, liebkosen |

# 12.

# Neugeburt in der Liebe

Mauern zerbröckeln, Festungen fallen, der Himmel fällt herunter: was solide aussah -Familie, Partnerschaft, Freundschaften- siecht dahin, nichts darf dem Feuersturm im Weg stehen. In der Lebensgeschichte wird Revolution gemacht, kraftvoll, engagiert und mit ungewissem Ausgang wie bei jedem Umsturz. Nichts soll mehr so sein, wie es war, alles werde anders.

Tu che soffri, tu sola puoi soccorrermi
in questo cieco transito del tempo
al tempo, in questo aspro viaggio
da quel che sono a quello che sarò
vivendo una vita nella vita,
dormendo un sonno nel sonno.

(Mario Luzi, *Canto V*, da *Quaderno gotico*)

## Amare è come rinascere

L'amore è una cosa strana. Quando le persone sono innamorate, perdono completamente la testa. Arrivano a fare cose assolutamente incomprensibili: si fanno cacciare via dalla scuola, trascurano gli studi, fanno figli che non possono mantenere, rovinano addirittura la loro carriera. Sono convinti di dare un senso alla vita e in realtà si stanno rovinando con le loro stesse mani.

I risultati dell'innamoramento sono strani: gli innamorati sono convinti di vedere chiaro, mentre i loro amici e parenti li prendono raramente sul serio. Anzi, li considerano dei pazzi.

Prima di tutto disturbano: quando sono giovani, disturbano la famiglia; una volta grandi, romperanno le scatole ai loro amici. Non a caso gli innamorati hanno spesso delle reazioni violente. Se necessario, sono disposti a distruggere tutto e a ricominciare da zero. Non esitano a chiudere con il passato e a tagliare i ponti con i genitori, se questi si oppongono al loro amore. Pensano solo a sé stessi e vivono solo al presente. Il loro amore gli appare come una vera rivoluzione. Poter dimenticare le sofferenze passate e abbandonarsi per essere tutt'uno con l'altro.

Essere amato, capito, accettato per quello che si è! Che liberazione! Amare è come nascere una seconda volta!

### Vorspann

| | |
|---|---|
| soccórrere *Part.Perf.*: soccorso | zu Hilfe eilen |
| cieco | blind |
| il tránsito | die Durchfahrt, die Überfahrt |
| il tempo | die Zeit |
| aspro | rauh; streng |
| il viaggio | die Reise |
| da quel che sono | von dem, was ich bin |
| a quello che sarò | zu dem, was ich sein werde |
| la vita | das Leben |

| | |
|---|---|
| il sonno | der Schlaf |

## Text

| | |
|---|---|
| rináscere *Part.Perf.:* rinato | wiedergeboren werden |
| strano | seltsam |
| incomprensíbile | unverständlich |
| farsi cacciare via | hier: sich hinauswerfen lassen |
| trascurare | vernachlässigen |
| gli studi | das Studium |
| fare figli | Kinder bekommen |
| mantenere | unterhalten |
| rovinare | ruinieren |
| addirittura | sogar |
| la carriera | die Karriere |
| éssere convinto | überzeugt sein |
| il senso | der Sinn |
| in realtà | in Wirklichkeit |
| il risultato | das Ergebnis |
| vedere chiaro | klar sehen |
| préndere sul serio | ernst nehmen |
| anzi | im Gegenteil |
| considerare | betrachten als |
| pazzo | verrückt |
| prima di tutto | vor allem |
| disturbare | stören |
| gióvane | jung |
| la famiglia | die Familie |
| una volta grandi | sobald sie erwachsen sind |
| rómpere *Part.Perf.:* rotto | zerbrechen |
| rómpere le scátole | auf den Geist gehen |
| non a caso | nicht zufällig |
| spesso | oft |
| la reazione | die Reaktion |
| violento | gewalttätig |
| necessario | notwendig |
| éssere disposto a | bereit sein zu |
| distrúggere *Part.Perf.:* distrutto | zerstören |
| ricominciare | wieder beginnen |
| da zero | bei Null |
| esitare | zögern |
| chiúdere con *Part.Perf.:* chiuso | hier: Schluß machen mit |
| il ponte | die Brücke |
| tagliare | schneiden |
| tagliare i ponti | die Beziehung abbrechen |
| i genitori | die Eltern |
| opporsi *Part.Perf.:* opposto | sich widersetzen |

| | |
|---|---|
| pénsano solo a sé stessi | sie denken nur an sich |
| vívere al presente | in der Gegenwart leben |
| apparire *Part.Perf.:* apparso | erscheinen |
| la rivoluzione | die Revolution |
| la sofferenza | das Leiden |
| passato | vergangen |
| abbandonarsi | sich hingeben |
| éssere tutt'uno con l'altro | mit dem anderen ganz eins sein |
| per quello che si è | für das, was man ist |
| una seconda volta | ein zweites Mal |

# GRAMMATIK

Zur Neugeburt in der Liebe gönnen wir uns eine kurze Verschnaufpause. Erst im nächsten und im übernächsten Kapitel werden die letzten beiden wichtigen Zeitformen vorgestellt, der Congiuntivo I und der Congiuntivo II. Für heute begnügen wir uns mit Pluralformen, die ein anderes Geschlecht haben als die Singularform (!):

| Singular | Plural | |
|---|---|---|
| il labbro | le labbra | Lippe |
| il dito | le dita | Finger |
| l'osso | le ossa | Knochen |
| il braccio | le braccia | Arm |
| il ciglio | le ciglia | Wimper |
| il ginocchio | le ginocchia | Knie |
| il lenzuolo | le lenzuola | das Bettlaken |
| l'uovo | le uova | Ei |

## Zwischen Hügeln und Lenden

Konjugiere während der letzten Unterrichtsstunde dieser Woche in allen Zeitformen:

| | |
|---|---|
| mormorare | murmeln |
| gridare | schreien |
| bisbigliare | flüstern |
| piángere | weinen |

# 13.

## Sommerabenteuer

Unkontrolliert, nicht rekonstru-
ierbar und gespielt auf uneinseh-
baren Bänken: das
Ferienabenteuer ist eine Klas-
senarbeit mit viel möglichem
Pfusch und obendrein eigener
Benotung. Denn auch gute
Freunde können gehässig sein,
und es ist erfrischend, ein Stück
Lebensgeschichte ohne die ge-
hässigen Korrekturen der Umstehenden schreiben zu dürfen!

La dimensione dell'amore che trova il suo oggetto
è il presente, quell'istante che vale tutta la vita passata
e tutte le cose del mondo.

(Francesco Alberoni, in *Innamoramento e Amore*)

# Le avventure estive

I viaggi hanno sempre favorito gli incontri amorosi. Per esempio lo sapevano bene gli avventurieri che un tempo, per conquistare le donne di
mondo, prendevano l'Orient Express. La ragione è semplice: il viaggio ti
fa uscire dal quotidiano e dalla solita routine. In vacanza si è molto più
aperti a tutto ciò che è nuovo e diverso. Quello che normalmente intimo-
risce, in viaggio può diventare una piacevole sfida. Basta pensare a tutte
le donne che nella vita di tutti i giorni odiano i maschilisti e poi si buttano
come pesci sul primo belloccio che si esibisce in spiaggia... Oppure a tutti
quegli uomini che nel loro paese non riescono ad abbordare una donna e
poi, all'estero, si trasformano in veri seduttori utilizzando il loro accento e
il loro esotismo.

I viaggi sono un'esperienza fondamentale per i giovani, ma sono anche una
porta aperta sul mondo della seduzione. Durante le vacanze, nelle notti
calde, sulle spiagge e tra le dune, succedono più cose che durante tutto
l'anno. Tutto sembra più facile in vacanza, soprattutto se si è all'estero. Per
me, le ragioni principali sono tre:

1. Lo straniero (o la straniera) che mi rivolge la parola può essere simpa-
tico/a a prima vista, ma un imbecille non appena apre la bocca. Siccome
non parlo quasi mai la lingua del posto, non mi accorgo subito se ho
"beccato" uno scemo/a. Non posso farmi condizionare da pregiudizi e mi
lascio guidare dalla prima impressione. Così l'amore diventa un gioco
facile.

A volte fa bene essere meno critici.

2. L'avventura estiva è vissuta fin dall'inizio come un rapporto libero da
ogni impegno. Nessuna promessa, nessuna costrizione. Il piacere è puro,
immediato e intenso. Mi sento senza passato né futuro e vivo interamente
al presente.

A volte fa bene essere superficiali.

3. Al rientro, racconto le mie avventure. I miei amanti non hanno la
possibilità di correggere la mia versione. Posso raccontare agli amici quello
che voglio: posso esagerare, aggiungere, inventare, abbellire, saltare le
parti spiacevoli e dimenticare, una volta di più, che sono stata un capriccio
vacanziero.

A volte fa bene sognare che sarebbe durato per sempre.

## Vorspann

| | |
|---|---|
| la dimensione | die Dimension |
| l'oggetto | das Objekt |
| il presente | die Gegenwart |
| l'istante *m.* | der Augenblick |
| valere | wert sein |
| passato | vergangen |
| il mondo | die Welt |

## Text

| | |
|---|---|
| l'avventura | das Abenteuer |
| estivo | sommer-, sommerlich |
| il viaggio | die Reise |
| favorire | begünstigen |
| l'incontro | die Begegnung |
| amoroso | Liebes- |
| per esempio | zum Beispiel |
| l'avventuriero | der Abenteuer |
| un tempo | damals |
| conquistare | erobern |
| la donna di mondo | die Frau von Welt |
| la ragione | der Grund |
| sémplice | einfach |
| far uscire | herausführen |
| il quotidiano | der Alltag |
| la routine | die Routine |
| sólito | gewöhnlich |
| in vacanza | in Ferien |
| si è più aperti | man ist offener |
| tutto ciò | all das |
| diverso | verschieden |
| quello che | das, was... |
| normalmente | normalerweise |
| intimorire | verängstigen |
| in viaggio | auf der Reise |
| la sfida | die Herausforderung |
| piacévole | angenehm |
| odiare | hassen |
| il maschilista | der Macho |
| buttarsi su | sich werfen auf |
| il pesce | der Fisch |

| | |
|---|---|
| il belloccio | der Schönling |
| esibirsi | sich zur Schau stellen |
| in spiaggia | am Strand |
| oppure | oder aber |
| tutti quegli uómini | all jene Männer |
| il paese | das Land |
| non riéscono a | es gelingt ihnen nicht zu |
| abbordare | ansprechen; auch: anmachen |
| all'éstero | im Ausland |
| trasformarsi in | sich verwandeln in |
| il seduttore | der Verführer |
| utilizzare | benutzen |
| l'accento | der Akzent |
| l'esotismo | der Exotismus |
| l'esperienza | die Erfahrung |
| fondamentale | grundlegend |
| i gióvani | die jungen Leute |
| la porta | die Tür, das Tor |
| la seduzione | die Verführung |
| durante | während |
| caldo | warm |
| la duna | die Düne |
| succédere *Part.Perf.:* successo | passieren |
| succédono più cose che | es passiert mehr als |
| durante tutto l'anno | während des ganzen Jahres |
| tutto | alles |
| sembrare | scheinen, erscheinen |
| soprattutto | vor allem |
| se si è all'estero | wenn man im Ausland ist |
| per me | für mich |
| principale | Haupt- |
| tre | drei |
| lo straniero | der Ausländer |
| la parola | das Wort |
| rivólgere la parola (*Part.Perf.:* rivolto) | anreden |
| simpático | sympathisch |
| a prima vista | auf den ersten Blick |
| l'imbecille | etwa: der Dümmling |
| non appena | kaum, daß |
| aprire *Part.Perf.:* aperto | öffnen, aufmachen |
| la bocca | der Mund |
| siccome | da ja |
| non parlo quasi mai | ich spreche fast nie |
| il posto | hier: das Land |
| accórgersi di qc. | etwas wahrnehmen |

| | |
|---|---|
| súbito | sofort |
| beccare | hier: angeln |
| scemo | dumm |
| farsi condizionare | sich beeinflussen lassen |
| il pregiudizio | das Vorurteil |
| guidare | leiten |
| la prima impressione | der erste Eindruck |
| il gioco | das Spiel |
| a volte | manchmal |
| far bene | gut tun |
| meno | weniger |
| crítico | kritisch |
| è vissuta | wird erlebt |
| l'inizio | der Anfang |
| fin dall'inizio | von Anfang an |
| il rapporto | die Beziehung |
| líbero da | frei von |
| ogni | jeder |
| l'impegno | die Verpflichtung |
| nessuno | kein |
| la promessa | das Versprechen |
| la costrizione | der Zwang |
| il piacere | das Vergnügen |
| puro | rein |
| immediato | unmittelbar |
| intenso | intensiv |
| il passato | die Vergangenheit |
| il futuro | die Zukunft |
| interamente | völlig |
| vívere al presente | in der Gegenwart leben |
| superficiale | oberflächlich |
| al rientro | bei der Rückkehr |
| raccontare | erzählen |
| l'amante | der Geliebte |
| la possibilità | die Gelegenheit |
| corréggere *Part.Perf.:* corretto | korrigieren |
| la versione | die Fassung, die Version |
| quello che voglio | was ich will |
| esagerare | übertreiben |
| aggiúngere *Part.Perf.:* aggiunto | hinzufügen |
| inventare | erfinden |
| abbellire | beschönigen |
| saltare | überspringen |
| la parte | der Teil |
| spiacevole | unerfreulich |
| dimenticare | vergessen |

| una volta di più | einmal mehr |
| il capriccio | die Laune |
| vacanziero | Ferien- |
| sognare | träumen |
| durare | dauern, andauern |
| per sempre | für immer |

# GRAMMATIK I

## 13.1. Der Congiuntivo I

Mit dem Congiuntivo eroberst du dir die letzte wichtige Zeitform des Italienischen. Er wird gebildet, indem von der 3. Person Plural des Präsens die Endung **-ano** bzw. **-ono** abgestrichen und die Konjnktivendungen (siehe unten) angehängt werden. Nur wenige Verben (vor allem *fare, sapere, dare*) bilden unregelmäßige Congiuntivo-Formen.

Der Congiuntivo wird in Nebensätzen angewandt (daher in den Konjugationstabellen immer: **che io, che tu, che lui, che lei** etc), wenn die Satzaussage des voraufgehenden Hauptsatzes eine Gefühlsregung, einen Zweifel, eine Meinung oder ein Verbot enthält. Mit anderen Worten: ein guter Teil der Enthüllungen, Ängste, zwingenden Wünsche und Wertungen, die sich die Liebenden offenbaren, können ohne den Congiuntivo nur fehlerhaft formuliert werden. Der Congiuntivo wird auch als Zeitform des Subjektiven verstanden, zweifellos eine dem Liebesleben reservierte Region.

Die Congiuntivo-Formen werden im Deutschen meist mit dem normalen Präsens wiedergegeben. Beachte, daß der Congiuntivo nicht mit dem deutschen Konjunktiv verwechselt werden darf, für den es im Italienischen keine rechte Entsprechung gibt. Die Formen:

### 13.1.1 Congiuntivo I der Verben auf *-are, -ere, -ire*

|  | -are | -ere | -ire |
|---|---|---|---|
| che io | accarezzi | venda | capisca |
| che tu | accarezzi | venda | capisca |
| che lui/lei | accarezzi | venda | capisca |
| che noi | accarezziamo | vendiamo | capiamo |
| che voi | accarezziate | vendiate | capiate |
| che loro | accarézzino | véndano | capíscano |

## 13.1.2 Congiuntivo I von *essere* und *avere*

|  | éssere | avere |
|---|---|---|
| che io | sia | abbia |
| che tu | sia | abbia |
| che lui/lei | sia | abbia |
| che noi | siamo | abbiamo |
| che voi | siate | abbiate |
| che loro | síano | ábbiano |

## 13.1.3 Unregelmäßigkeiten beim Congiuntivo I

|  | fare | sapere | dare | andare | stare |
|---|---|---|---|---|---|
| che io | faccia | sappia | dia | vada | stia |
| che tu | faccia | sappia | dia | vada | stia |
| che lui/lei | faccia | sappia | dia | vada | stia |
| che noi | facciamo | sappiamo | diamo | andiamo | stiamo |
| che voi | facciate | sappiate | diate | andiate | stiate |
| che loro | fácciano | sáppiano | díano | vádano | stíano |

## 13.1.4 Anwendungen des Congiuntivo (I)

Der Congiuntivo steht in Nebensätzen, die das Verb des Hauptsatzes ... ausdrückt:

1. Wahrscheinlichkeit, Möglichkeit

| | |
|---|---|
| è possíbile che | es ist möglich, daß |
| è probábile che | es ist wahrscheinlich, daß |
| sembra che | es scheint, daß |

2. Zweifel, Unsicherheit, Angst

| | |
|---|---|
| avere paura che | Angst haben, daß |
| dubitare che | daran zweifeln, daß |
| éssere contento che | froh sein, daß |
| non sapere se | nicht wissen, ob |

E' possibile che voi non **abbiate** mai fatto l'amore?
Ist es möglich, daß ihr nie miteinander geschlafen habt?

Dubito che tu **abbia** la forza di resístere a lei.
Ich zweifle daran, daß du die Kraft hast, ihr zu widerstehen.

Sembra che lei non si **sia** mai accorto delle sue scappatelle.
Es scheint, daß sie nie etwas von seinen Seitensprüngen gemerkt hat.

### 13.1.5 Der Imperativ der Sie-Form

Der Congiuntivo I wird zur Bildung distanzierterer Imperativformen benutzt:

| | |
|---|---|
| accarezzi la mia guancia! | streicheln Sie meine Wange! (einer) |
| acarézzino la mia guancia! | streicheln Sie meine Wange! (mehrere) |
| Non mi tocchi! | Berühren Sie mich nicht! (einer) |
| Non mi tócchino! | Berühren Sie mich nicht! (mehrere) |

# GRAMMATIK II

## 13.2. Übersetzung des deutschen *wer, wem, wen*

| | |
|---|---|
| **Wer** ist da? | **Chi** è? |
| **An wen** denkst du? | **A chi** stai pensando? |
| **Von wem** habt ihr gesprochen? | **Di chi** avete parlato? |

**Für wen** hast du dich entschieden?
**Per chi** ti sei deciso?

## 13.3. Übersetzung von *woran, womit, worüber*

| | |
|---|---|
| **Worüber** redest du? | **Di che cosa** stai parlando? |
| **Woran** denkst du? | **A che cosa** stai pensando? |
| **Womit** hast du das gemacht? | **Con che cosa** hai fatto questo? |

# Wort-Schätze

Ferienstimmung beinhaltet einerseits das Anlocken des Gewünschten, andererseits das Abweisen des Unerwünschten. Das nachstehend aufgelistete Vokabular sollte während der Unterrichtsstunden mehrfach wiederholt und intensiv vertieft werden:

| | |
|---|---|
| dare uno schiaffo | eine Ohrfeige geben |
| mi rompe le palle | er geht mir auf den Sack |
| l'imbecille | der Schwachkopf |
| lasciare in pace | in Ruhe lassen |
| mandare a cagare | abblitzen lassen |
| | wörtlich: zum Scheißen schicken |

| | |
|---|---|
| invadente | aufdringlich |
| vaffanculo | geh zum Teufel |
| io me ne frego | ich pfeife drauf |
| vai via | hau ab |
| stare sul cazzo | auf die Eier gehen |
| préndere qu. in giro | jn an der Nase herumführen |
| mi rompe le palle | er geht mir auf den Sack |
| che rottura! | was ist der nervig! |
| che palle! | was ist der ätzend! |
| tu mi rompi il cazzo | du gehst mir auf die Eier |
| | (wörtlich: auf den Schwanz) |
| ne ho le palle piene | ich habe die Nase voll |

# 14.

## Sexualität

Nicht immer fällt die Liebe dort-
hin, wo die Eltern sie gern sähen.
Die Schwiegertochter, wenn sie
überhaupt den Fuß ins Haus
setzt, ist dann unecht, weil ange-
heuert, spielt die Ewig-Verlob-
te, die sich nicht zur Ehefrau
mausert, während der Geliebte
daheim geduldig auf die Rück-
kehr des Geliebten wartet. Däm-
mert den Eltern schließlich doch
die wirkliche Welt hinter dem
Szenario, ist die Mama in ihrer
Fraulichkeit verletzt und wird
der Papa von homosexuellen In-
zest-Phantasien eingeholt. Manche überwinden das nie. Den
Sohn dann zu verlieren, haben
sie verdient.

> Non fare pompini ai soldati
> possono esplodere (...)
> non dare via il culo
> a chi non sa capirlo (...)
> non frustare troppo forte
> i masochisti ipertesi (...)
>
> (Stefano Benni, *Consigli a un amica*)

## Sesso

Ascolta, stamattina ho cominciato a leggere l'Hermaphroditus di Antonio Beccadelli, che è in parte ispirato dall'amore per gli uomini e in parte dall'odio. Riesce a parlare del sesso più crudo con poesia, ne vuoi sentire un pezzo?

*A Quinzio, su come si possa provocare l'erezione.*
"Il tuo uccello, Quinzio, si drizza per chi non ami:
ma se qualcuno ti attrae, non ce la fa a star duro.
Vuoi invece che succeda? Ficcati un dito in culo,
Come di solito faceva Paride con Elena."

Basta trovare le parole giuste, non trovi? Questa descrizione su come provocare l'erezione ormai non sciocca più nessuno. Lui preferiva la sodomia e ne parlava in questo modo, con molta franchezza:

Lupi sodomizzando un ingenuo efebo.
Disse: "Su, muovi le chiappe, dolcezza."
E quello: "Lo farò, se dirai una parola."
L'altro rispose: "Sculetta! Su, datti da fare."

Ma non credere che la sodomia sia solo un piacere omossesuale! Durante un mio viaggio all'estero, un amico mi ha detto in confidenza: "Da noi lo fanno tutte le coppie!"

## Vorspann

| | |
|---|---|
| fare un pompino a qu | jm. einen blasen |
| il soldato | der Soldat |
| esplodere *Part.Perf.:* esploso | explodieren |

| | |
|---|---|
| dare via il culo | den Arsch weggeben |
| frustare | peitschen, auspeitschen |
| il masochista | der Masochist |
| iperteso | extrem angespannt |

## Text

| | |
|---|---|
| il sesso | der Sex |
| ascoltare | zuhören |
| stamattina | heute morgen |
| cominciare | beginnen |
| in parte | zum Teil |
| ispirarsi | sich inspirieren |
| l'odio | der Haß |
| riuscire | gelingen |
| riesce a | es gelingt ihm, zu |
| crudo | roh |
| con poesia | poetisch |
| sentire | hören |
| il pezzo | das Stück |
| come si possa | hier: wie man kann |
| provocare | hervorrufen |
| l'erezione *m.* | die Erektion |
| l'uccello | der Vogel; hier: der Penis |
| drizzarsi | sich aufrichten |
| per chi | hier: für den, der |
| qualcuno | jemand |
| attrarre *Part.Perf.:* attratto | anziehen |
| ti attrae | er zieht dich an |
| non ce la fa | er schafft es nicht |
| star duro | hart bleiben |
| invece | stattdessen; hier: aber |
| succédere *Part.Perf.:* successo | passieren |
| ficcare | hier: stecken |
| il dito | der Finger |
| il culo | der Arsch |
| di sólito | gewöhnlich |
| basta | es reicht |
| la parola | das Wort |
| giusto | richtig |
| la descrizione | die Beschreibung |
| ormai | von nun an; hier: heute |
| scioccare | schockieren |
| preferire | vorziehen |
| la sodomía | der Analverkehr |
| in questo modo | auf diese Art |
| la franchezza | die Aufrichtigkeit |

| | |
|---|---|
| il lupo | der Wolf |
| sodomizzare | "anal verkehren" |
| ingénuo | naiv, einfältig |
| l'éfebo | der Jüngling |
| disse | er sagte |
| su! | los! |
| muóvere | bewegen |
| le chiappe | die Pobacken |
| la dolcezza | die Sanftheit; hier: mein Lieber |
| e quello | und der andere |
| rispose | er antwortete |
| sculettare | sich in den Hüften wiegen |
| datti da fare | streng dich an |
| il piacere | das Vergnügen |
| omosessuale | homosexuell |
| durante | während |
| il viaggio | die Reise |
| all'éstero | im Ausland |
| in confidenza | im Vertrauen |
| da noi | bei uns |
| la coppia | das Paar, das Ehepaar |
| tutte le coppie | alle Paare |

# GRAMMATIK I

## 14.1. Anwendungen des Congiuntivo (II)

Der Congiuntivo steht in Nebensätzen, wenn der Hauptsatz audrückte:

1. Wunsch

| | |
|---|---|
| voglio che | ich will, daß |
| desídero che | ich wünsche, daß |

2. Vermutung

| | |
|---|---|
| suppongo che | ich vermute, daß |
| penso che | ich denke, daß |

3. Hoffnung

| | |
|---|---|
| spero che | ich hoffe, daß |

4. Nachdruck von Gefühlen und Meinungen

| | |
|---|---|
| mi fa piacere che | es freut mich, daß |
| mi dispiace che | es tut mir leid, daß |

5. Superlativen
il più bell'uomo che io **abbia** mai visto
der schönste Mann, den ich je gesehen **habe**

### 14.1.1 Weitere Beispielsätze

Voglio che tu **faccia** uno sforzo.
Ich will, daß du dir Mühe **gibst**.

Non penso che **sia** possibile vívere insieme.
Ich denke nicht, daß es möglich **ist**, zusammen zu leben.

Mi dispiace che to non **possa** venire.
Es tut mir leid, daß du nicht kommen **kannst**.

## 14.2. Congiuntivo nach Konjunktionen:

Der Congiuntivo wird immer nach den folgenden Konjunktionen eingesetzt:

| | |
|---|---|
| senza che | ohne, daß |
| prima che | bevor |
| perché | damit |
| benché | obwohl |
| fino a che | bis daß |
| in modo che | so, daß |
| nel caso che | falls |

Sbrígati! Véstiti prima che **venga**!
Beeil dich! Zieh dich an, bevor er **kommt**!

Te lo dico perché tu mi **possa** capire meglio.
Ich sage es dir, damit du mich besser verstehen **kannst**.

# GRAMMATIK II

## 14.3. Übersetzung von *lassen*

Wenn *lassen* in der Bedeutung von **zulassen, erlauben** angewendet wird, ist es mit **lasciare** zu übersetzen:

| | |
|---|---|
| L'ho lasciato sognare. | Ich habe ihn träumen lassen. |
| Si è lasciato persuadere. | Er hat sich überreden lassen. |

In der Bedeutung von **veranlassen**, wird es mit **fare** übersetzt:
Mi ha **fatto** venire súbito.
Sie hat mich sofort kommen **lassen**.

## Zwischen Hügeln und Lenden

| | |
|---|---|
| hai voglia di | hast du Lust auf |
| ti piacerebbe di | würde es dir gefallen, zu |
| hai già un impegno? | hast du schon etwas vor? |
| cosa prendi? | was nimmst du? |
| t'invito a | ich lade dich ein zu |
| che ne dici di | was hälst du von |
| volentieri | gern |
| perché no? | warum nicht? |
| ci sto | ich mache mit |
| certamente | sicher |
| d'accordo | einverstanden |
| va bene | einverstanden |
| andiamo a bere qualcosa? | gehen wir einen trinken? |

# 15.

# Wie Venus selbst

Einen Augenblick lang so invasiv, daß das Zuvor inexistent bis banal wird und das Danach -ohne die Geliebten gedacht- zur unendlichen Sinnlosigkeit verkommt, und schon im zweiten Augenblick relativiert, redimensioniert, die vorausgegangene Lebensgeschichte rehabilitiert: manch verliebter Schwung wird zum Rohrkrepierer, brennt mehr Stroh nieder als Holz, das Wasser verkocht, ohne daß etwas eingemacht wurde. Die Haut, die gerade noch brannte, wird zu Eis. Platonische Lieben könnten versuchen, diese Klippen zu umschiffen.

E tu non sei più che un ricordo.
Sei trapassata nella mia memoria.
Ora si, posso dire
che m'appartieni
e qualche cosa fra di noi è accaduto
irrevocabilmente.
Dovevamo saperlo che l'amore
brucia la vita e fa volare il tempo.

(Vincenzo Cardarelli, *Passato*)

## Come Venere in persona

Ti ho raccontato ciò che ho provato quando l'ho incontrata: per me era come Venere in persona. Quando mi ha raggiunto nel buio, nuda, mi attraeva tanto che tremavo tutto.

Ci stava. Mi sono perso in lei come in un tunnel. Mi ha assorbito completamente e il nostro amplesso è durato tutta la notte. Non abbiamo dormito neanche un minuto. C'era in lei una forza incredibile, e io l'amavo così com'era, con tutte le sue contraddizioni.

Ma col passare del tempo, questa passione assoluta che ci legava l'uno all'altra, ha finito per consumarci e ci ha fatto paura. Abbiamo cominciato a soffrire, a farci del male e ad odiarci.

Lei era contemporaneamente il mare e il sole, il desiderio e l'oblio. Presto la nostra convivenza è diventata un inferno e una mattina lei se n'è andata. Non sopportava più le mie scene di gelosia sempre più frequenti. La volevo tutta per me, capisci? Lei mi dava la forza di vivere e quando non ero al centro del suo interesse, mi sentivo morire.

Forse è meglio così. Tutto ciò mi ha portato a cominciare una terapia: a quanto pare soffro di un complesso di abbandono. Ma allora, cos'è in fondo l'amore?

## Vorspann

| | |
|---|---|
| il ricordo | die Erinnerung |
| trapassare | vorbeigehen, vorübergehen |
| appartenere | gehören |
| accadere | geschehen |
| irrevocábile | unwiderrufbar |
| bruciare | verbrennen |
| volare | fliegen |

## Text

| | |
|---|---|
| Vénere | Venus |
| in persona | in Person |
| ciò che | das, was |
| provare | empfinden |
| raggiúngere qu | jn erreichen; hier: zu jm gehen |
| il buio | die Dunkelheit |
| nudo | nackt |
| tanto | so sehr |
| tremare | zittern |
| tutto | ganz; hier: am ganzen Körper |
| starci | einverstanden sein |
| pérdersi | sich verlieren |
| il tunnel | der Tunnel |
| assorbire | aufsaugen; auch: verschlingen |
| l'amplesso | der Liebesakt |
| durare | dauern |
| tutta la notte | die ganze Nacht |
| neanche | nicht einmal |
| c'era in lei | es gab in ihr |
| la forza | die Kraft |
| incredíbile | unglaublich |
| così | so |
| così com'era | so wie sie war |
| la contraddizione | der Widerspruch |
| il tempo | die Zeit |
| passare | vergehen |
| col passare del tempo | im Laufe der Zeit |
| la passione | die Leidenschaft |
| legare | binden, verbinden |
| l'uno all'altra | hier: aneinander |
| finire per | schließlich (etw. tun) |
| consumare | hier: aufzehren |
| far paura | Angst machen |
| cominciare a | beginnen zu |
| soffrire | leiden |
| farsi del male | sich weh tun |
| odiare | hassen |
| contemporaneamente | gleichzeitig |
| il mare | das Meer |
| il sole | die Sonne |
| il desidério | das Verlangen; der Wunsch |
| l'oblio | das Vergessen |
| presto | bald; schon bald |
| la convivenza | das Zusammenleben |

| | |
|---|---|
| l'inferno | die Hölle |
| andársene | weggehen |
| sopportare | ertragen |
| frequente | häufig |
| la forza | die Kraft |
| il centro | das Zentrum |
| l'interesse | das Interesse; die Aufmerksamkeit |
| sentire | fühlen |
| morire | sterben |
| portare a | dazu bringen, zu |
| la terapía | die Therapie |
| a quanto pare | es scheint, daß |
| il complesso | der Komplex |
| l'abbandono | das Verlassen; die Verlassenheit |

# GRAMMATIK I

## 15.1. Der Congiuntivo II

Verschaffe dir einen kurzen Überblick über die Formen des Congiuntivo II, bevor seine Anwendungen im einzelnen besprochen werden.

### 15.1.1 Congiuntivo II der Verben auf -are, -ere, -ire

| | **-are** | **-ere** | **-ire** |
|---|---|---|---|
| che io | accarezzassi | vendessi | capissi |
| che tu | accarezzassi | vendessi | capissi |
| che lui/lei | accarezzasse | vendesse | capisse |
| che noi | accarezzássimo | vendéssimo | capíssimo |
| che voi | accarezzaste | vendeste | capiste |
| che loro | accarezzássero | vendéssero | capíssero |

### 15.1.2 Congiuntivo II von éssere und avere

| | **éssere** | **avere** |
|---|---|---|
| che io | fossi | avessi |
| che tu | fossi | avessi |
| che lui/lei | fosse | avesse |
| che noi | fóssimo | avéssimo |
| che voi | foste | aveste |
| che loro | fóssero | avéssero |

### 15.1.3 Unregelmäßigkeiten beim Congiuntivo II

|          | fare     | sapere   | dare    | stare    |
|----------|----------|----------|---------|----------|
| che io   | facessi  | sapessi  | dessi   | stessi   |
| che tu   | facessi  | sapessi  | dessi   | stessi   |
| che lui/lei | facesse | sapesse | desse   | stesse   |
| che noi  | facéssimo | sapéssimo | déssimo | stéssimo |
| che voi  | faceste  | sapeste  | deste   | steste   |
| che loro | facéssero | sapéssero | déssero | stéssero |

### 15.1.4 Anwendungen des Congiuntivo II

Der Congiuntivo II steht nach Wünschen, Vermutungen, Hoffnungen etc. (siehe die letzten beiden Kapitel), **wenn das Verb des Hauptsatzes in einer Zeitform der Vergangenheit steht.** Im Deutschen wird der Congiuntivo II dann vielfach mit einer Präsensform wiedergegeben:

Volevo che tu **venissi** con me.
Ich wollte, daß du mit mir **kommst.**

Non volevo che lui mi **accarezzasse.**
Ich wollte nicht, daß er mich **streichelt.**

In anderen Fällen, wird das Congiuntivo II mit dem Imperfekt oder dem Perfekt wiedergegeben:

Non era possibile che loro non **sapessero** niente.
Es war nicht möglich, daß sie nichts wußten.

## 15.2. Der Konditionalsatz mit *si*

In eingeschränkten Bedingungssätzen wie *Wenn du mich geliebt hättest, wäre all dies nicht passiert.* stehen im Deutschen beide Verben im Konditional II. Im Italienischen hingegen muß hier das **Verb bzw. Hilfsverb des se-Satzes immer im Congiuntivo II stehen:** *Se tu mi avessi amato, tutto questo non sarebbe successo.* Weitere Beispiele:

Se lei mi **avesse** abbandonato, mi sarei suicidato.
Wenn sie mich verlassen hätte, hätte ich mich umgebracht.

Se lui si **fosse** suicidato per lei, avrebbe fatto una grande cazzata.
Wenn er sich wegen ihr umgebracht hätte, hätte er eine große Dummheit begangen.

## 15.3. Vergleich

Werden zwei Personen oder Dinge bezüglich einer Eigenschaft miteinander verglichen, wird **più...di** angewandt:

Spesso, le donne sono **più** intelligenti **dei** loro mariti.
Oft sind die Frauen intelligenter als ihre Männer.

Werden aber zwei Adjektive miteinander verglichen, steht **più...che**:

Lui è **più** incosciente **che** scemo.
Er ist verantwortungsloser ( = eher verantwortunglos) als dumm.

Wenn zwei Personen oder Dingen die gleichen Eigenschaften zugeschrieben werden, steht **quanto** oder **come**:

Lui è stupido **quanto** me.
Er ist **so** dumm **wie** ich.

# Zwischen Hügeln und Lenden

| | |
|---|---|
| tu sei la più bella | du bist die Schönste |
| non voglio vívere senza di te | ich möchte nicht ohne dich leben |
| sei stupendo | du bist wunderbar |
| sei favolosa | du bist fabelhaft |
| che bestiale! | wie tierisch gut! |
| lui mi piace un sacco | er gefällt mir außerordentlich gut |
| è una persona stupenda | er/sie ist ein wundervoller Mensch |

# 16.

## Unerreichbar

Wer liebt, will mehr, und wer mehr will, klammert. Gerade aufs Klammern aber sind Abstoßungsreaktionen geläufig. Es bräuchte in diesen Fällen -ähnlich wie in der Medizin- ein gutes Cortison-Präparat, applizierbar oral, intramuskulär, intravenös, zur Not gar intrathekal, wenn nur erreicht würde, daß das Innere nicht abstößt, wenn die beiden Häute sich trennen. "Ich in dir zu sein und du in mir", das ist außerhalb der Bettdecken vielen zu viel der Vermengung, wer läuft schon gern mit Transplantiertem herum. Einigung in diesem Punkt ist vordringlich. Wer sich nicht einigt, wird sich trennen.

> Un nuovo tipo di donna fatale,
> una seduttrice che passa da un uomo all'altro
> per imparare a vivere sola, totalmente indipendente (...)
> Una di cui nessun uomo può servirsi,
> che degli uomini invece si serve,
> per conquistare una sua distanza ...
> Tante ragazze di oggi sono così.

(Natalia Aspesi, in *Specchio delle mie brame chi è la più brava e la più cattiva di questo reame?*)

# Inafferrabile

— Sai che sabato sera ho visto il tuo amico! Usciva da un locale ubriaco fradicio.

— In questo periodo sta molto male. La sua ragazza l'ha lasciato.

— Quale? Quella che aveva conosciuto poco tempo fa? Non è possibile! Li ho incontrati al cinema la settimana scorsa. Sembravano pazzi l'uno dell'altra. Non smettevano di baciarsi e di toccarsi.

— Non so di preciso cos'è successo. So solo che il nostro amico, ancora una volta, si ritrova nella merda fino al collo.

— Mi chiedo come fa a lasciarsi infinocchiare in questo modo. Non è certo la prima volta che una ragazza lo molla.

— Eh no! Quest'inverno aveva già passato un periodo di depressione per via di un'altra. Pare che sia troppo appiccicoso.

— Io non lo trovo così appicicoso! Non bisogna esagerare!

— Devo dire che ha una passione particolare per le ragazze che vogliono a tutti i costi essere indipendenti.

— Ma certo, adesso mi ricordo! Quella dell'anno scorso gli aveva rimproverato di non rispettare la sua libertà.

— Libertà di cosa? Di sfarfallare a destra e sinistra?

— Macché! La libertà di avere una vita sua, di passare molto tempo da sola o di uscire con i suoi amici senza di lui. Mi ha raccontato che spesso doveva tornare a casa sua dopo aver fatto l'amore. Quanto avrebbe desiderato dormire tra le sue braccia!

— Se una ragazza mi avesse trattato così, ti assicuro che sarei stato io a lasciarla.

— Anch'io, ma che vuoi? E' lui che se le sceglie. Ha una specie di fissazione per questo tipo di donne inafferrabili. Sai cosa penso? Dev'essere un po' masochista!

- E dire che era tutto pimpante fino a qualche giorno fa! Saperlo in questo stato mi fa star male.
- Se bisogna pagare un tale prezzo ogni volta che si perde la testa per una ragazza, preferisco rimanere single.
- Dipende da ciò che si cerca nella coppia! Dopo tutto, se non è capace di vivere un rapporto di questo genere, non gli rimane che cercarsi una mogliettina... così rimarrà tutto il tempo a casa!
- Non pensi di essere un po' estremista? Esisterà pure una via di mezzo!
- Dai, vieni! Passiamo a casa sua, così lo tiriamo un po' su.
- Buona idea! Non bisogna lasciare gli amici da soli in questi momenti!

## Vorspann

| | |
|---|---|
| donna fatale | femme fatale |
| la seduttrice | die Verführerin |
| passare | hier etwa: fliegen |
| imparare | lernen |
| indipendente | unabhängig |
| una di cui | eine, an der |
| servirsi di | sich bedienen |
| invece | stattdessen |
| conquistare | erobern |
| la distanza | die Distanz |

## Text

| | |
|---|---|
| inafferrábile | ungreifbar, unergreifbar |
| uscire | hinausgehen |
| il locale | das Lokal |
| ubriáco | betrunken |
| ubriáco frádicio | völlig betrunken |
| in questo período | hier: in diesen Tagen |
| sta male | es geht ihm schlecht |
| lasciare | verlassen |
| quale | welche, welcher |
| quella che | die, die... |
| poco tempo fa | vor kurzem |
| il cínema | das Kino |
| la settimana scorsa | letzte Woche |
| non sméttere di | die ganze Zeit (tun) |
| toccarsi | sich berühren |
| di preciso | genau |
| ancora una volta | noch einmal |

| | |
|---|---|
| ritrovarsi nella merda | in der Scheiße stecken |
| fino a | bis zum |
| il collo | der Hals |
| chiédersi | sich fragen |
| come fa a | wie er es macht .. zu |
| infinocchiare | betrügen, hereinlegen |
| lasciarsi infinocchiare | sich betrügen lassen |
| in questo modo | auf diese Art |
| certo | gewiß |
| la prima volta | das erste Mal |
| mollare | verlassen |
| quest'inverno | diesen Winter |
| passare un período | eine Zeit durchleben |
| per via di | wegen |
| pare che | es scheint so, als ob |
| appiccicoso | klebrig; aufdringlich, lästig |
| non bisogna | man darf nicht |
| esagerare | übertreiben |
| devo dire che | ich muß sagen |
| particolare | besondere |
| a tutti i costi | um jeden Preis |
| indipendente | unabhängig |
| ricordarsi | sich erinnern |
| quella dell'anno scorso | die vom letzten Jahr |
| rimproverare | vorwerfen |
| rispettare | respektieren |
| la libertà | die Freiheit |
| libertà di cosa? | Freiheit wozu? |
| sfarfallare | etwa: herumflippen |
| a destra e sinistra | wörtlich: rechts und links; etwa: durch die Gegend |
| macché! | ach was! |
| avere una vita sua | ein eigenes Leben haben |
| da solo | allein |
| senza di lui | ohne ihn |
| tornare a casa | nach Hause gehen |
| quanto | wie sehr |
| avrebbe desiderato | er hätte gewünscht |
| tra le sue braccia | in ihren Armen |
| se | wenn, falls |
| trattare | behandeln |
| assicurare | versichern |
| sarei stato io a | ich (betont) hätte |
| anch'io | ich auch |
| scégliere | wählen, auswählen |
| se le sceglie | er sucht sie sich aus |

| | |
|---|---|
| una specie di | eine Art |
| la fissazione | die (fast pathologische) Vorliebe |
| questo tipo di donna | diese Art von Frau |
| dev'éssere | er muß sein; er ist sicher |
| un po' = un poco | ein wenig |
| masochista | masochistisch |
| e dire che | etwa: wenn ich daran denke, daß |
| pimpante | grell; hier: aufgedreht |
| fino a qualche giorno fa | bis vor einigen Tagen |
| in questo stato | in diesem Zustand |
| tale | solch |
| il prezzo | der Preis |
| ogni volta che | jedes Mal, wenn |
| pérdere la testa | den Kopf verlieren |
| rimanere | bleiben |
| single | allein |
| dipéndere da | abhängen von |
| ciò che | das, was... |
| dopo tutto | schließlich |
| éssere capace di | fähig sein zu |
| il rapporto | die Beziehung |
| non ... che | nur |
| cercarsi | sich suchen |
| una mogliettina | eine brave Ehefrau |
| rimarrà | sie wird bleiben |
| estremista | hier: extrem |
| pure | hier: doch |
| una via di mezzo | ein Mittelweg |
| dai! | los! |
| tirare su qu | jn aufmuntern |
| non bisogna | man darf nicht |

# GRAMMATIK I

## 16.1. Die Zeitenfolge

In dem Satz *Er sagt, er schaffe es nicht mehr* haben wir eine Konstruktion der indirekten Rede. Im Deutschen steht das Verb *schaffen* daher im Konjunktiv. Hierfür gibt es im Italienischen keine Entsprechung. Wenn ein tatsächlicher Vorgang beschrieben wird (er schafft es nicht mehr), steht das Verb des abhängigen Satzes im Indikativ Präsens (fa):

**Dice** che non ce la **fa** più.       Er **sagt**, er **schaffe** es nicht mehr

Der gleiche Sachverhalt, aus der Vergangenheit heraus erzählt, könnte auf Deutsch *Er sagte, er schaffe es nicht mehr* lauten. Wieder würde *schaffen* im Deutschen im Konjunktiv Präsens stehen. Im Italienischen müßte aber das Imperfekt gebraucht werden:

**Diceva** che non ce la **faceva** più.       Er **sagte**, er **schaffe** es nicht mehr.

Nur wenn der Hauptsatz ein Verb des Wollens, des Hoffens, des Zweifelns etc. enthält (siehe die Ausführungen zum Congiuntivo in den letzten Kapiteln), steht das Verb des abhängigen Satzes im Congiuntivo, und zwar im Congiuntivo des Präsens, wenn das Verb des Hauptsatzes im Präsens oder im Futur steht:

**Spero** che ce la **faccia**.       Ich **hoffe**, daß er es **schafft**.

oder im Congiuntivo des Imperfekts, wenn das Verb des Hauptsatzes in einer Zeitform der Vergangenheit steht:

**Volevo** che lui **venisse**.       Ich **wollte**, daß er **kommt**.

Es ist dies eines der Kapitel der italienischen Grammatik, das von deutschsprachigen Schülern lange Zeit nicht beherrscht wird.

## 16.2. Das Gerundium

Zur Bildung der Gerundium-Formen siehe Kapitel 6 (Anhängen von **-ando** bzw. **-endo** an die Infinitivendungen der Verben). Wörtlich könnte man Gerundium-Formen zwar ins Deutsche übersetzen (accarezz**ando** - streich**elnd**; cap**endo** - versteh**end** etc.), doch klingt dies ungewöhnlich bis abstoßend. Aus diesem Grund werden die im Italienischen häufig gebrauchten Gerundium-Formen mit einem Nebensatz wiedergegeben. Diese Nebensätze werden meist mit den Konjunktionen **da, weil, während, wenn** oder **indem** eingeleitet, je nachdem, ob ein Sachverhalt der Kausalität, der Bedingung oder der Gleichzeitigkeit ausgedrückt werden soll.

Übersetzung mit **indem**:

sbagli**ando**, s'impara
**indem** man irrt, lernt man

Übersetzung mit **da**:

**Ess**endo bucato, il preservativo non li aveva protetti.
**Da** der Pariser ein Loch hatte, hatte er sie nicht geschützt.

Übersetzung mit **während**:

l'ho vista torn**ando** a casa
ich habe sie gesehen, **während (als)** ich nach Hause kam

Passegg**iando** per la chiesa, avevano avuto l'idea di ritirarsi dentro il confessionale.
Während sie in der Kirche spazierengingen, hatten sie die Idee gehabt, sich im Beichtstuhl zurückzuziehen.

Übersetzung mit **wenn**:

And**ando** in giro per le chiese, si hanno alle volte delle strane idee.
**Wenn** man durch die Kirchen spaziert, hat man manchmal seltsame Ideen.

Einige unregelmäßige Gerundium-Formen:

|          | **Infinitiv** | **Gerundium** |
|----------|---------------|---------------|
| machen   | fare          | **facendo**   |
| sagen    | dire          | **dicendo**   |
| trinken  | bere          | **bevendo**   |

## 16.3. Der Imperativ mit Personalpronomen

Wenn Personalpronomen die Aufforderung eines Imperativs (siehe auch Kapitel 3) genauer definieren sollen (gib **mir**! sag es **ihm**! mach **es**! kauf **sie**! etc.), werden sie dem Imperativ nachgestellt. Die nachgestellten Personalpronomen verschmelzen dabei mit der Imperativform:

| | |
|---|---|
| Compra**mi** un gelato! | Kauf **mir** ein Eis! |
| Dag**li** una mano! | Gib **ihm** eine Hand! = Hilf **ihm**! |

Wenn gleich zwei Personalpronomen den Imperativ begleiten, steht das indirekte Objekt (vgl. Dativ) vor dem direktem Objekt (vgl. Akkusativ):

| | |
|---|---|
| Compra**melo**! | Kauf **es mir**! |
| Spiega**glielo**! | Erklär **es ihm**! |

Bei einigen kurzen Imperativformen wird der Anfangskonsonant des Personalpronomens verdoppelt:

**Dammi** la bottiglia!      Gib **mir** die Flasche!
**Fammi** un pompino!      Mach **mir** einen Pompino!
**Fallo** subito!      Mach **es** sofort!

# GRAMMATIK II

## 16.4. Ländernamen

|  | Land | Frau | Mann |
|---|---|---|---|
| Italien | l'Italia | l'italiana | l'italiano |
| Deutschland | la Germania | la tedesca | il tedesco |
| Frankreich | la Francia | la francese | il francese |
| Spanien | la Spagna | la spagnola | lo spagnolo |
| England | l'Inghilterra | l'inglese | l'inglese |
| Algerien | l'Algería | l'algerina | l'algerino |
| Tunesien | la Tunisía | la tunisina | il tunisino |
| Marokko | il Marocco | la marocchina | il marocchino |
| Türkei | la Turchía | la turca | il turco |
| Österreich | l'Austria | l'austríaca | l'austríaco |
| Schweiz | la Svízzera | la svízzera | lo svízzero |
| Holland | l'Olanda | l'olandese | l'olandese |
| Belgien | il Belgio | la belga | il belga |
| Portugal | il Portogallo | la portoghese | il portoghese |
| Griechenland | la Grecia | la greca | il greco |
| Dänemark | la Danimarca | la danese | il danese |
| Ungarn | l'Unghería | l'ungherese | l'ungherese |
| Afrika | l'Africa | l'africana | l'africano |
| China | la Cina | la cinese | il cinese |
| Rußland | la Russia | la russa | il russo |
| Japan | il Giappone | la giapponese | il giapponese |
| Brasilien | il Brasile | la brasiliana | il brasiliano |

Die Namen von Ländern werden groß geschrieben. Klein geschrieben werden die Einwohner, die Bezeichnungen der Landessprache sowie die Adjektive:

| | |
|---|---|
| l'italiano | das Italienische (die Sprache) |
| italiano,-a | italienisch |
| in italiano | auf Italienisch |

**Nach** Italien zu fahren oder **in** Italien zu sein, wird in beiden Fällen mit **in** übersetzt:

| | |
|---|---|
| Ho fatto un viaggio **in** Italia. | Ich habe eine Reise **nach** Italien gemacht. |
| Abbiamo vissuto **in** Italia. | Wir haben **in** Italien gelebt. |

## Zwischen Hügeln und Lenden

| | |
|---|---|
| che sfiga | verdammtes Pech |
| non ne va bene una | alles geht schief |
| che scarogna | was für ein Pech |
| ho il morale a terra | ich bin total down |
| mi sento uno straccio | ich bin total niedergeschlagen |
| sto dando i númeri | ich drehe durch |
| non ne posso più | ich kann nicht mehr |
| mi fa uscire di testa | das macht mich verrückt |

# 17.

## Rückschauende Eifersucht

Am besten, man trifft sich noch im Kindergarten und entdeckt die Welt gemeinsam: der erste Kuß, das erste Petting, der erste Genuß des Fleisches. Die Premiere verpaßt zu haben, mag bitter sein, doch auch der Kuß des zweiten Liebhabers oder die Hand des dritten können schmerzen. Niemand liebt den Vergleich, alle wünschen die Einzigartigkeit, und wenn die Welt diesen Platz nicht hergibt, soll zumindest die Liebe ihn für uns reserviert halten. Allein, in den Kopf der Geliebten kriechen wir nicht hinein, Fragen bleiben und Zweifel ebenso ob des Vorgefallenen vor unserer Zeit. Zweifel sind Säure auf dem Selbstbild, oft so penetrierend, daß Beteuerungen die Qual nicht lindern, Schweigen erst recht nicht. Die Narben verheilen dann wie Narben halt heilen. Mit den Jahren, blasser werdend.

O amore, chi potrebbe credere o pensare
che la tua dolce radice producesse
si amaro frutto com'è gelosia?

(Boccaccio)

# La gelosia retrospettiva

Era una piacevole notte estiva. Le finestre erano aperte e le onde lambivano la spiaggia.

Per ore intere erano rimasti abbracciati. Poi si erano seduti uno accanto all'altra. Lui aveva acceso una sigaretta e improvvisamente il suo viso si era incupito.

— Cos'hai? chiese lei.

Silenzio.

— Dai, non fare lo stupido. Lo vedo che c'è qualcosa. Mi fai il muso?

Dopo un lungo silenzio, lui rispose:

— Com'era con l'altro?

— Non vorrai ricominciare daccapo!

— Puoi dirmelo, sai. Sono pronto a tutto.

— Ascolta, sai bene che non sopporto le scene di gelosia! Ti ho già detto che non serve a niente parlare del passato.

— Voglio sapere lo stesso ciò che hai provato con l'altro.

— Non hai niente di meglio a cui pensare?

— Confessa che ce l'aveva più lungo del mio!

— Dio mio, quanto sono stupidi gli uomini! Come se il piacere sessuale fosse una questione di centimetri! Non ti accorgi di rovinare tutto con le tue angosce da maschilista?

— Forse hai ragione, ma lui è come un'ombra che ci divide.

— Ecco! Potremmo stare bene insieme, approfittare delle nostre prime vacanze. Invece no! Il signore deve guastare tutto con le sue ombre! Dovresti andare in terapia, forse avresti più fiducia in te stesso.

— Odio le terapie.

— Eppure ne avresti proprio bisogno. Non reggo più le tue crisi di gelosia. Mi buttano giù completamente!

— Non mi sento amato. Tutto qui.

— Perché prima non ti ho dimostrato il mio amore?

Silenzio.

— Dai, sei il più bello! E' questo che vuoi sentire? L'altro era un errore di percorso. Capita a tutti. Baciami!

Silenzio.

Abbracci.

Baci.

Tenerezza.

Notte agitata.

## Vorspann

| | |
|---|---|
| chi potrebbe | wer könnte |
| crédere | glauben |
| la radíce | die Wurzel |
| produrre *Part.Perf.:* prodotto | hervorbringen; produzieren |
| amaro | bitter |
| il frutto | die Frucht |

## Text

| | |
|---|---|
| la gelosía | die Eifersucht |
| retrospettivo | zurückschauend |
| piacévole | angenehm |
| estivo | Sommer- |
| la finestra | das Fenster |
| le onde | die Wellen |
| lambire | lecken, belecken |
| la spiaggia | der Strand |
| per ore intere | Stunden hindurch |
| rimanere *Part.Perf.:* rimasto | bleiben |
| abbracciati | umschlungen |
| sedersi | sich setzen |
| uno accanto all'altra | nebeneinander |
| accéndere *Part.Perf.:* acceso | anzünden |
| la sigaretta | die Zigarette |
| improvvisamente | plötzlich |
| il viso | das Gesicht |
| incupirsi | sich verfinstern |
| chiese lei | fragte sie |
| il silenzio | die Ruhe, das Schweigen |
| non fare lo stúpido | stell dich nicht so dumm an |
| c'è qualcosa | es gibt irgendetwas; du hast was |
| fare il muso a qu | jm böse sein |
| lui rispose | er antwortete |
| com'era | wie war es |

| | |
|---|---|
| con l'altro | mit dem anderen (Mann) |
| non vorrai | du willst doch nicht |
| ricominciare | wieder anfangen |
| daccapo | von Anfang an |
| puoi dirmelo | du kannst es mir sagen |
| éssere pronto a | bereit sein zu |
| sopportare | ertragen |
| la scena di gelosía | die Eifersuchtsszene |
| non serve a niente | es nutzt nichts |
| il passato | die Vergangenheit |
| lo stesso | hier: dennoch |
| provare con | empfinden mit |
| niente di meglio | nichts Besseres |
| a cui pensare | hier: an das du denken kannst |
| confessare | beichten; zugeben |
| lungo | lang |
| ce l'aveva più lungo del mio | seiner war länger als meiner |
| dio mio | mein Gott |
| come se | als wenn |
| il piacere sessuale | die sexuelle Lust |
| fosse (Congiuntivo II) | wäre |
| una questione di centímetri | eine Frage von Zentimetern |
| accórgersi di qc | etwas bemerken |
| rovinare | verderben, kaputtmachen |
| l'angoscia | die Angst |
| il maschilista | der Macho |
| avere ragione | recht haben |
| l'ombra | der Schatten |
| divídere *Part.Perf.:* diviso | trennen |
| ecco! | etwa: da haben wir's! |
| insieme | zusammen |
| approfittare di | profitieren von |
| le nostre prime vacanze | unsere ersten Ferien |
| invece no! | aber nein! |
| il signore | der Herr |
| guastare | verderben |
| dovresti | du müßtest |
| la terapie | die Therapie |
| avere fiducia in se stesso | Vertrauen in sich haben |
| odiare | hassen |
| eppure | und doch |
| ne avresti bisogno | du hättest es nötig |
| proprio | wirklich |
| réggere *Part.Perf.:* retto | hier: ertragen |
| buttare giù | depressiv machen |
| sentirsi amato | sich geliebt fühlen |

| | |
|---|---|
| tutto qui | das ist alles |
| prima | vorher |
| dimostrare | zeigen, beweisen |
| è questo che vuoi sentire? | willst du das hören? |
| l'errore *m.* | der Irrtum |
| il percorso | der (Lebens-)Weg |
| cápita a tutti | das passiert jedem |
| l'abbraccio | die Umarmung |
| agitato | bewegt |

# GRAMMATIK

## 17.1. Der bestimmte Artikel (II)

Der bestimmte Artikel fehlt:

1. bei Monatsnamen und bei Wochentagen

| | |
|---|---|
| in gennaio | im Januar |
| torno sábato | ich komme am Samstag zurück |

2. bei bestimmten Wendungen:

| | |
|---|---|
| dopo cena | nach dem Abendessen |
| dopo pranzo | nach dem Mittagessen |
| andare in ospedale | ins Krankenhaus gehen |
| méttere in frigo | in den Kühlschrank stellen |
| andare in cucina | in die Küche gehen |
| andare a scuola | in die Schule gehen |

Hingegen steht der bestimmte Artikel im Gegensatz zum Deutschen

1. vor Ländernamen:

| | |
|---|---|
| la Germania | Deutschland |
| la Russia | Rußland |
| l'Italia | Italien |

2. nach **avere**, wenn **körperliche Eigenschaften, Krankheiten etc.** beschrieben werden:

| | |
|---|---|
| ha l'epatite | er hat eine Hepatitis |
| ha il naso molto lungo | er hat eine sehr lange Nase |

# Avviso a tutti gli ansiosi

La misura del pene non ha alcuna importanza.
Le erezioni maschili normali variano da 15 a 17 centimetri. Ma è perfetta-
mente ridicolo sentirsi sminuiti psicologicamente se il proprio pene arriva,
tutto spiegato, solo a 12 o 13 centimetri. Ripetiamo che la dimensione
dell'oggetto è molto meno importante dell'uso che se ne fa. Quindi non è
per niente grave che l'organo eretto non superi 8 o 9 centimetri (una misura
ancora accettabile), e ancora meno allarmante se la vostra verga gonfia
misura soltanto 5 centimetri o 4 o 3 o 2. E se il vostro pene non supera i 5
millimetri o un centimetro, allora la sua misura non ha più, veramente
alcuna importanza.

Pascal Bruckner / Alain Finkielkraut, *Le nouveau désordre amoureux*

| | |
|---|---|
| ansioso | ängstlich |
| variare | variieren |
| perfettamente | völlig |
| ridícolo | lächerlich |
| sentirsi sminuiti | sich herabgesetzt fühlen |
| psicológico | psychologisch |
| il proprio | der eigene |
| arrivare | erreichen |
| tutto spiegato | vollständig entfaltet |
| ripétere | wiederholen |
| la dimensione | das Maß, die Ausdehnung |
| l'oggetto | das Objekt |
| importante | bedeutsam, wichtig |
| l'uso | der Gebrauch, die Anwendung |
| quindi | folglich |
| grave | schlimm |
| l'órgano | das Organ |
| eretto | erigiert |
| superare | hinausgehen über |
| la misura | die Größe |
| accettábile | akzeptabel |
| allarmante | allarmierend |
| la verga | der Penis |
| gonfio | geschwellt |
| misurare 5 centímetri | 5 cm lang sein |
| l'importanza | die Bedeutung |
| non avere alcuna importanza | keine Bedeutung haben |

# 18.

## Geht es tatsächlich um mich?

Anfangszeit ist Zweifelzeit, und Zweifel melden sich meist schon, bevor noch der Ausnahmezustand des frischen Verliebtseins ganz aufgehoben wurde. So sehr auch gewünscht, so sehr mutet es dennoch irreal bis surreal an, plötzlich für einen anderen Menschen der Nabel der Welt zu sein. Doch der beginnt, sein Leben zu erzählen, und schon gewinnen all die Scheidewege Kontur, die das gemeinsame Leben hätten vereiteln können. Am furchtbarsten ist freilich der Gedanke, ein Ersatz für einen anderen Menschen zu sein. Konfliktlösungen müssen dann auch einmal dem Metaphysischen entlehnt werden.

Solo l'amare, solo il conoscere
conta, non l'aver amato,
non l'aver conosciuto. Dà angoscia
il vivere di un consumato
amore. L'anima non cresce più.

(Pier Paolo Pasolini, *Il pianto della scavatrice*)

# Si tratta proprio di me?

Diario del giorno:

Ci conosciamo da due mesi. Tutte le sere ci incontriamo a casa sua o a casa mia, e parliamo per ore. E' pazzesco questo bisogno di raccontargli la mia vita, credo di non essere mai stata così chiacchierona!

Ciò nonostante, mi sento depressa. L'anno scorso lui viveva ancora con un'altra donna, ma è stata una storia che non è durata molto, poco più di due anni. Un giorno lei è partita in vacanza e al suo ritorno, ha telefonato per annunciargli che tra loro era tutto finito. Aveva conosciuto un altro. Non ha mai voluto dargli una spiegazione. Credo che non si siano più rivisti.

Mi accorgo che non gli piace parlare di questa storia. Uno dei suoi amici mi ha detto che era rimasto scioccato. Pare che sia stato molto male in questi ultimi mesi, e che avesse addirittura cominciato a prendere dei sonniferi per dormire.

Che ne sarebbe stato della mia vita se questa ragazza non fosse partita in vacanza o se non avesse mai incontrato un altro uomo? Si sarebbe ugualmente innamorato di me? E anche se mi avesse incontrata, l'avrebbe lasciata per me? Mi sorprendo a vedere tutto nero ogni volta che mi viene in mente quest'idea. Che significa un nuovo amore per uno che è appena stato abbandonato dalla persona amata? E io, che parte ho in tutto questo? Sognavo di essere l'unica. E se fossi soltanto un sostituto?

Mio Dio, sono così triste, oggi! Dovrei smettere di scrivere questo diario. In fondo, sono stupida ad avere questi pensieri. Quando uno si vuol fare del male, ci riesce in ogni caso. Tutto può sembrare negativo. Per esempio, come mi sarei comportata se avesse abbandonato una ragazza per me? Non mi sarei mai fidata di un uomo che molla la sua donna da un giorno all'altro. E poi, sarei stata terrorizzata da ogni sua nuova conoscenza.

Perché mi torturo così? Almeno sapessi leggere il futuro! Vorrei tanto che il nostro amore fosse al di sopra di tutto ciò che è passato. Vorrei tanto avere la certezza che mi ama tanto quanto ha amato l'altra! Penso che andrò da una cartomante.

# Vorspann

| | |
|---|---|
| solo | nur |
| contare | zählen |
| l'aver amato | das Geliebthaben |
| l'aver conosciuto | das Gekannthaben |
| dà angoscia | es macht Angst |
| il vívere | das Leben, das Erleben |
| consumato | verbraucht |
| l'ánima | die Seele |
| créscere | wachsen |

# Text

| | |
|---|---|
| si tratta di me? | geht es um mich? |
| per ore | stundenlang |
| pazzesco | hier: verrückt |
| il bisogno | das Bedürfnis |
| chiacchierona | Klatschmaul |
| ciò nonostante | trotz alledem |
| depresso | depressiv |
| l'anno scorso | letztes Jahr |
| la storia | die Geschichte |
| durare | dauern |
| poco più di | wenig mehr als |
| un giorno | eines Tages |
| partire in vacanza | in Urlaub fahren |
| il ritorno | die Rückkehr |
| annunciare | ankündigen |
| tra loro | zwischen ihnen |
| la spiegazione | die Erklärung |
| rivedersi | sich wiedersehen |
| mi accorgo che | ich merke |
| non gli piace | es gefällt ihm nicht |
| era rimasto scioccato | das war ein Trauma für ihn gewesen |
| pare che | es scheint so, als ob |
| addirittura | hier: sogar |
| il sonnífero | das Schlafmittel |
| che ne sarebbe stato di | was wäre aus .. geworden |
| se non fosse partita | wenn sie nicht gefahren wäre |
| se non avesse incontrato | wenn sie nicht getroffen hätte |
| ugualmente | hier: trotzdem |
| sorpréndere *Part.Perf.:* sorpreso | überraschen |
| vedere tutto nero | alles negativ sehen |
| ogni volta che | jedesmal, wenn |
| venire in mente | in den Sinn kommen |
| significare | bedeuten |
| abbandonare | verlassen |
| che parte ho | welchen Part habe ich |
| in tutto questo | in all dem |
| sognare | träumen |
| l'única | die Einzige |
| se fossi soltanto | wenn ich nur ... wäre |
| il sostituto | der Ersatz |
| sméttere di | aufhören zu |
| in fondo | im Grunde |
| il pensiero | der Gedanke |
| farsi del male | sich wehtun |

| | |
|---|---|
| quando uno vuol farsi del male | wenn man sich wehtun will |
| ci riesce | es gelingt ihm |
| in ogni caso | in jedem Fall |
| sembrare | scheinen |
| per esempio | zum Beispiel |
| comportarsi | sich verhalten |
| fidarsi di qu | jm vertrauen |
| mollare | verlassen |
| da un giorno all'altro | von einem Tag zum anderen |
| éssere terrorizzato da | eine schreckliche Angst haben vor |
| nuovo | neu |
| la conoscenza | die Bekanntschaft |
| torturarsi | sich foltern |
| léggere *Part.Perf.:* letto | lesen |
| almeno sapessi léggere | wenn ich wenigstens lesen könnte |
| il futuro | die Zukunft |
| vorrei tanto che | ich wünschte so sehr, daß |
| éssere al di sopra di | über ... stehen |
| tutto ciò che | alles, was .. |
| il passato | die Vergangenheit |
| la certezza | die Gewißheit |
| tanto quanto | so sehr, wie .. |
| la cartomante | die Kartenlegerin |

# GRAMMATIK

## 18.1. Das substantivische Possessivpronomen

Das substantivische Possessivpronomen bezeichnet Besitzverhältnisse kurz und bündig: E' il **mio** *Das ist meins*. Nicht erwähnt ist der Besitz, auf den Bezug genommen wird. Daraus folgt, daß das substantivische Possessivpronomen besonders gern während Eigentumsauseinandersetzungen angewendet wird: man weiß, worüber man spricht, muß aber immer wieder betonen, wem es gehört. Nach Jahren gemeinsamen Lebens versagt zuweilen bei beiden Partnern das Gedächtnis: **mio, tuo, suo, nostro, vostro, loro** *(meins, deins, seins, ihrs, unserer, eurer, ihrer)* sind daher eine hohe Domäne bei schmerzlichen Haushaltsauflösungen vor definitiven Trennungen. Die Formen:

| l'aéreo | gli aérei | la mácchina | le mácchine |
|---------|-----------|-------------|-------------|
| das Flugzeug | | das Auto | |
| il mio | i miei | la mia | le mie |
| il tuo | i tuoi | la tua | le tue |
| il suo | i suoi | la sua | le sue |
| il nostro | i nostri | la nostra | le nostre |
| il vostro | i vostri | la vostra | le vostre |
| il loro | i loro | la loro | le loro |

| | |
|---|---|
| Questo è **il mio**! | **Das ist meins!** |
| Non è vero, non è **il tuo**. | Das stimmt nicht, das ist nicht **deins**. |

## 18.2. Suffixe

Suffixe sind Silben, die an die Stelle von Wortendungen treten und dadurch den Sinn des Wortes verändern. In der Sprache der Liebenden hält das Suffix **-ino** natürlich eine Schlüsselstellung. Es gibt der ursprünglichen Bedeutung des Wortes einen verniedlichenden, verkleinernden Klang, genau das, wonach der amouröse Diskurs in seinen regredierenden Grundtönen verlangt:

| | |
|---|---|
| la ragazza | das Mädchen |
| la ragazz**ina** | das kleine Mädchen |
| il gatto | der Kater |
| gatt**ino** mio | mein kleines Kätzchen |
| il tuo uccell**ino** | dein kleines Vögelchen = dein Pimmel |

Andere Suffixe wie **-one** vergröbern bzw. vergrößern das Bild der ursprünglichen Bedeutung wie in **librone** *dickes Buch*. Für streithafte Auseinandersetzungen steht theoretisch die große Palette **geringschätzender Suffixe** wie **-accio, -accia, -uccio, -uccia** oder **-astro** zur Verfügung. Hier gilt wie auch für alle anderen Suffixe aber, daß allenfalls als witzige Konstruktionsübung versucht werden sollte, selbst neue Wörter zu bilden. Im allgemeinen wird man die mit Suffixen abgeänderten Wörter nur benutzen, wenn man sie so bei Italienern gehört hat.

# 19.

## Ehestreit

Zelebriert, als Oase in feindlicher Welt, mit Wein aus Wasser, Fleisch aus Brot und Champagner im Überfluß: kein Dichterwort wird dem Frühstück der Verliebten gerecht, Abendmähler verblassen. Kein Wunder, daß Zähne knirschen und Gedanken töten, wenn das Paradies zum Schweinestall verkommt, mit Zeitung statt Champus und Augen, die blind sind statt lechzen. Das traute Glück hängt plötzlich am Seidenfaden, weil Substantielleres schon seit längerem auf Sparflamme kocht. Für Betrachter von außen sind die Auseinandersetzungen vielfach befremdend, für die Betroffenen bitter- bis todernst.

e stavamo in silenzio anche per ore
dopo avere giocato tra le lenzuola
bianchi e distesi nel buio i nostri corpi
mentre le anime unite andavano su (...)
poi come foglie d'autunno un colpo di vento ci ha portato via
come chicchi di grano una mano ci ha presi e ci ha buttato lontano

(Canzone di Luca Carboni, *Chicchi di grano*)

# Scenata

Domenica mattina fanno colazione a letto: brioche, fette biscottate, marmellata, paste alla frutta, capuccino. Mentre manda giù l'ultimo pezzo di pane, lui apre il giornale.

Dopo qualche minuto di silenzio, lei dice con tono deciso:

— Il capuccino faceva schifo!

— E le brioche erano troppo asciutte!

— E' colpa del panettiere che non vale niente! Cosa c'entrano le brioche col capuccino? Sono anni che ti ripeto la stessa cosa! Sai che detesto il capuccino con la panna e che mi piace col latte! E toglimi di mezzo questo giornale. Puzza!

— Non vedo perché ti dia fastidio il fatto che leggo il giornale!

— Potresti almeno rivolgermi la parola quando mangiamo. Mi chiedo perché facciamo colazione a letto!

— Che domanda! E' domenica, e di domenica abbiamo sempre fatto colazione a letto.

— Ma tu non hai sempre letto il giornale.

— Cosa vuoi dire con questo?

— Che una volta avevamo altre cose da dirci... e da fare.

— Ci conosciamo da quattro anni, ormai.

— Quattro anni! Come se fosse chissà quanto! Mica facciamo già parte delle vecchie coppie! Quattro anni non sono una ragione per fare tutto senza amore. Ma guarda un po'! Non sai neanche tagliare il pane come si deve!

— Perché, credi che gli spaghetti di ieri fossero al dente!

— Se la mia pasta non ti piace, cambia albergo!

— Ottima idea! E' da molto che avrei dovuto farlo. Non fai altro che brontolare! E' insopportabile!

— Sei veramente il peggiore dei coglioni!

— Ma cosa ti prende?

— Non sai cosa ti aspetta, carogna! Non sei capace di preparare una colazione, leggi il giornale a letto senza degnarti di aprire la bocca e adesso ti lamenti addirittura della qualità del mangiare.

— La pasta era scotta, tutto lì!

— Vaffanculo!

— Ascolta, se te la prendi così non faremo più colazione a letto.

— E' giusto quello che ti volevo proporre.

— Ma non lamentarti della poca tenerezza.

— Oh, sai, la tenerezza della domenica mattina è finita da tempo.

— Ecco, ancora dei rimproveri! Cercatene un altro, se non sei contenta!

— Bene, ti prendo in parola! Mi sono rotta. Inutile starmi dietro, perderesti il tuo tempo.

— Che cosa vuoi dire?

Lei si alza, si veste in fretta, riempie alla rinfusa la sua valigia e gli urla in faccia, pazza furiosa:

— Voglio dire che ti mollo per una donna!

Lui lascia cadere il giornale per terra. Prima che lui abbia il tempo di reagire, lei è già uscita sbattendo la porta.

## Vorspann

| | |
|---|---|
| stare in silenzio | schweigen |
| per ore | stundenlang |
| giocare | spielen |
| il lenzuolo; *Pl.:*le lenzuola | das Bettlaken |
| bianco | weiß |
| disteso | ausgestreckt |
| nel buio | im Dunkeln |
| le ánime unite | die vereinten Seelen |
| la foglia | das Blatt |
| l'autunno | der Herbst |
| il colpo di vento | der Windstoß |
| portare via | wegtragen |
| il chicco | das (Weizen-)Korn |
| il grano | der Weizen |
| buttare | werfen |
| lontano | weit weg |

## Text

| | |
|---|---|
| la scenata | die Szene |
| doménica mattina | Sonntag morgen |
| far colazione | frühstücken |
| a letto | im Bett |
| la brioche | (eine Art "Gummi"-Croissant) |
| la fetta biscottata | Zwieback mit Butter bestrichen |
| la marmellata | die Marmelade |
| la pasta | das Gebäckstück |
| alla frutta | mit Obst |
| mentre | während |
| mandare giù | hier: schlucken |
| il pezzo | das Stück |
| il pane | das Brot |
| aprire | öffnen, aufschlagen |
| il giornale | die Zeitung |
| dopo qualche minuto | nach einigen Minuten |
| il tono | der Ton |
| deciso | entschlossen |
| far schifo | ekelhaft sein |
| asciutto | trocken |
| è colpa di | es ist die Schuld von |
| il panettiere | der Bäcker |
| non vale niente | nichts wert sein; schlecht sein |
| cosa c'entrano .. con | was haben .. zu tun mit |
| sono anni che | seit Jahren schon |
| ripétere | wiederholen |
| la stessa cosa | das Gleiche |
| detestare | verabscheuen |
| la panna | die Schlagsahne |
| il latte | die Milch |
| togliere  *Part.Perf.:* tolto | wegnehmen |
| toglimi di mezzo | nimm endlich weg |
| puzzare | stinken |
| dare fastidio | stören |
| il fatto che | die Tatsache, daß |
| potresti | du könntest |
| rivólgere la parola a | hier: sprechen mit |
| mangiare | essen |
| che domanda! | was für eine Frage! |
| di doménica | sonntags |
| una volta | früher |
| dirsi | sich sagen |
| ormai | hier: jetzt schon |
| chissà | wer weiß |

| | |
|---|---|
| come se fosse chissà quanto | als wenn das wer weiß wieviel wäre |
| mica | doch nicht |
| far parte di | gehören zu |
| vecchio | alt |
| la coppia | das Paar |
| guarda un po'! | etwa: das ist ja die Höhe! |
| tagliare | schneiden |
| come si deve | wie es sich gehört |
| éssere al dente | *al dente* sein |
| la pasta | die Nudeln |
| cambiare | ändern, wechseln |
| l'albergo | das Hotel |
| óttima idea! | eine hervorragende Idee! |
| è da molto che | schon seit langem |
| avrei dovuto farlo | ich hätte es tun müssen |
| brontolare | brummen, knurren |
| insopportábile | unerträglich |
| il peggiore di | der Schlimmste der |
| il coglione | das Arschloch |
| cosa ti prende? | was ist denn mit dir los? |
| aspettare | erwarten |
| non sai cosa ti aspetta | du weißt nicht, was dich erwartet |
| carogna | etwa: Dreckstück |
| preparare | vorbereiten, zubereiten |
| degnarsi di | sich herablassen zu, geruhen zu |
| la bocca | der Mund |
| lamentarsi di | sich beklagen über |
| la qualità | die Qualität |
| il mangiare | das Essen |
| scotta | verkocht |
| tutto lì | und damit basta |
| vaffanculo | etwa: leck mich am Arsch |
| se te la prendi così | wenn du so kommst |
| è giusto quello che volevo | genau das wollte ich |
| proporre *Part.Perf.:* proposto | vorschlagen |
| finito da tempo | schon seit langem vorbei |
| il rimpróvero | der Vorwurf |
| cercársene un altro | sich einen anderen suchen |
| contento | zufrieden |
| préndere in parola | beim Wort nehmen |
| mi sono rotta | etwa: ich habe die Schnauze voll |
| inútile | unnötig |
| star dietro a qu | hinter jm herlaufen |
| pérdere il suo tempo | seine Zeit verlieren |
| alzarsi | aufstehen |
| vestirsi | sich anziehen |

| | |
|---|---|
| in fretta | schnell, in Eile |
| riempire | füllen, vollmachen |
| alla rinfusa | durcheinander |
| la valigia | der Koffer |
| urlare in faccia | ins Gesicht schreien |
| pazzo | verrückt |
| furioso | wild |
| pazzo furioso | rasend |
| cadere | fallen |
| per terra | auf den Boden |
| reagire | reagieren |
| sbáttere la porta | die Tür zuschlagen |

# GRAMMATIK

## 19.1. Das Historische Perfekt

Das Historische Perfekt ist in erster Linie eine Zeitform der Literaten, in zweiter Linie eine Zeitform, in der die gesprochene Sprache von Dingen berichtet, die in einer entfernteren Vergangenheit stattgefunden haben. Es bezeichnet zeitlich genau begrenzte oder abgeschlossene Handlungen in der Vergangenheit. Die nachfolgenden Formen brauchen nicht aktiv beherrscht zu werden. Es reicht, wenn sie wiedererkannt und als Formen der Vergangenheit identifiziert werden können.

Historisches Perfekt und normales Perfekt dürfen auf keinen Fall zusammen in einem geschriebenen Text erscheinen.

### 19.1.1  Historisches Perfekt der regelmäßigen Verben

| | -are | -ere | -ire |
|---|---|---|---|
| (io) | accarezzai | vendetti | capii |
| (tu) | accarezzasti | vendesti | capisti |
| (lui/lei) | accarezzò | vendette | |
| (noi) | accarezzammo | vendemmo | capimmo |
| (voi) | accarezzaste | vendeste | capiste |
| (loro) | accarezzárono | vendéttero | capírono |

## 19.1.2 Unregelmäßigkeiten beim Historischen Perfekt

|          | éssere  | avere   | fare     | sapere   | volere   |
|----------|---------|---------|----------|----------|----------|
| (io)     | fui     | ebbi    | feci     | seppi    | volli    |
| (tu)     | fosti   | avesti  | facesti  | sapesti  | volesti  |
| (lui/lei)| fu      | ebbe    | fece     | seppe    | volle    |
| (noi)    | fummo   | avemmo  | facemmo  | sapemmo  | volemmo  |
| (voi)    | foste   | aveste  | faceste  | sapeste  | voleste  |
| (loro)   | fúrono  | ébbero  | fécero   | séppero  | vóllero  |

|          | venire  | vedere  | dare     | stare    |
|----------|---------|---------|----------|----------|
| (io)     | venni   | vidi    | diedi    | stetti   |
| (tu)     | venisti | vedesti | desti    | stetti   |
| (lui/lei)| venne   | vide    | diede    | stette   |
| (noi)    | venimmo | vedemmo | demmo    | stemmo   |
| (voi)    | veniste | vedeste | deste    | steste   |
| (loro)   | vénnero | vídero  | diédero  | stéttero |

# Zwischen Hügeln und Lenden

| | |
|---|---|
| non lo sopporto | ich ertrage ihn nicht |
| mi da fastidio | er stört mich |
| è un rompipalle | er ist eine Nervensäge |
| mi sono stufato | ich habe es satt |
| è una testa di cazzo | er ist ein Saukopf |
| è un coglione | er ist ein Arschloch |
| è ora di farla finita | jetzt reicht's |
| non prendere per il culo | verarsch mich nicht |
| non esagerare | übertreib nicht |
| non me ne frega niente | das interessiert mich nicht |

# 20.

# Eifersucht

Die Suppe schwappt über den Tellerrand, Bettlaken werden zerrissen, Katzen und Hunde ergreifen die Flucht: Eifersucht ist laut, ihre Motorik vehement, und wenn zudem der eine auf sein Recht besteht, eifersuchtsträchtigen Aktivitäten nachzugehen, steht das Beben kurz bevor. Nicht immer aber ist tatsächlich Untergangsstimmung angesagt. Eifersucht ist auch Liebesbeweis, die Provokation derselben mithin ein etwas kraftvolleres "Liebst du mich?", so zumindest gelegentlich als Entschuldigung formuliert. Wie immer entscheidet die Dosierung: homöopathische Gaben sind stimulierend, Überdosierungen tödlich.

Di me ti sei scordata, e non a me
vuoi bene: a un altro.

(Saffo, *Gelosia*)

# Gelosia

— Cosa? Non dirmi che torni da lei! L'hai già vista la settimana scorsa!

— Veramente non capisco cos'hai contro di lei! Se tu non hai problemi a lasciarmi da solo in casa quando vai a giocare a carte con i tuoi amici, non vedo perché non potrei andare ogni tanto a bere qualcosa con un'amica?

— Non è la stessa cosa! Neanche la conosco! Ho l'impressione che la metti sotto vetro, per paura che te la rubino!

— Io non faccio tutte queste storie quando vai a trovare i tuoi amici a Milano.

— Come puoi paragonare dei vecchi amici ad una ragazza che conosci appena? Sei proprio sfacciato!

— Secondo me la parte della gelosa non fa per te. Proprio tu che predicavi la coppia libera...

— A condizione che la cosa sia reciproca, caro mio. Vorrei vedere che faccia faresti se io uscissi con un giovanotto per il semplice fatto che lo trovo simpatico e carino. Mi faresti un muso! Volevi la monogamia a tutti i costi e l'hai avuta! Quindi, fammi il piacere di rinunciare a questa ragazza oppure invitala a casa! Voglio vedere cosa fa.

— Ma non c'è niente fra di noi. Si può chiacchierare sino all'una di notte senza andare a letto insieme.

— Non volevo dire questo. Ma sono sicura che hai un debole per lei. Basta guardarti quando le parli al telefono! Potresti essere almeno onesto!

— Basta! Non ho più voglia di parlarne. Che ti piaccia o no, ho un appuntamento con lei stasera e voglio andarci.

— Ti sbagli se pensi di poterti comportare così. Ride bene chi ride ultimo. Stanotte dormirai in macchina!

## Vorspann

| | |
|---|---|
| scordarsi di qu | jn vergessen |
| volere bene a qu | jn mögen |

## Text

| | |
|---|---|
| la gelosía | die Eifersucht |
| cosa? | was? |
| tornare da | hier: schon wieder gehen zu |
| cos'hai contro di lei | was hast du gegen sie |
| non hai problemi a | etwa: du zögerst doch auch nicht zu |
| giocare a carte | Karten spielen |
| avere l'impressione che | den Eindruck haben |
| il vetro | das Glas |
| per paura che | aus Angst, daß |
| rubare | stehlen |
| trovare gli amici | die Freunde besuchen |
| paragonare | vergleichen |
| sfacciato | unverschämt |
| secondo me | meiner Meinung nach |
| la parte | der (Theater-) Part |
| la gelosa | die Eifersüchtige |
| non fa per te | das steht dir nicht |
| proprio tu che | ausgerechnet du, die du .. |
| predicare | predigen |
| líbero | frei |
| la coppia líbera | hier: die offene Beziehung |
| a condizione che | unter der Bedingung, daß |
| recíproco | gegenseitig |
| la faccia | das Gesicht |
| il giovanotto | der junge Mann |
| per il sémplice fatto che | aus dem einfachen Grund, weil |
| simpático | sympathisch |
| carino | hübsch |
| fare il muso | schmollen |
| la monogamía | die Monogamie |
| a tutti i costi | um jeden Preis |
| l'hai avuta | du hast sie bekommen |
| quindi | folglich |
| fammi il piacere | tu' mir den Gefallen |
| rinunciare | verzichten |
| oppure | oder aber |
| invitare | einladen |
| chiacchierare | plaudern, schwätzen |
| sino all'una | bis ein Uhr |
| avere un débole per | eine Schwäche haben für |
| onesto | ehrlich |
| non avere più voglia di | keine Lust mehr haben zu |
| che ti piaccia o no | ob es dir gefällt oder nicht |
| l'appuntamento | die Verabredung |

| | |
|---|---|
| sbagliarsi | sich täuschen |
| comportarsi | sich verhalten |
| ride bene chi ride ultimo | wer zuletzt lacht, lacht am besten |
| stanotte | heute nacht |
| in macchina | im Auto |

# 21.

## Geschmack am Perversen

Alles, aber auch alles ist möglich! Mit überschäumender Phantasie gallopiert er auf unendlicher Erfindungsgabe, der Trieb. Das Unmöglichste muß herhalten, um die Spannungsabfuhr möglich zu machen. Wogegen nichts einzuwenden ist, sofern beiden das Außergewöhnliche liegt. Woraus folgt, daß all jenen, die es mit Gewalt tun, der Schwanz abgeschnitten gehörte. Wo aber Einverständnis herrscht, sei gesegnet, was das menschliche Genie ersinnt. Daß damit triumphierend gegen die spröden Gesetze der Fortpflanzung verstoßen werde, stört nur die Naturidylliker, nicht die, die sich als Kultur verstehen. Und die, die am lautesten schreien, aus sauberen Stuben und verschimmelten Kapellen, erwachen ohnehin nachts, schweißdurchnäßt, den intensiven Geruch in der Nase, den Duft vom Dreck am Stekken.

Nel letto volevi fare la lotta
le avevi le erezioni solo dopo
aver combattuto e vinto.

(Attilio Lolini)

## Il piacere della perversione

L'altro giorno ho letto un articolo che parlava di una nuova perversione sessuale. Incredibile, sono cose che solamente una persona marcia può pensare di fare! Pare che addirittura ci siano uomini che arrivano a farsi mettere il pannolino e il talco sul pisello, travestiti da bambini. Si fanno coccolare dalle "balie" che gli danno il biberon e gli permettono di orinare e sbavare su di loro. Le "balie" li lavano e come delle madri raccolgono le loro feci con approvazione e riconoscenza. E quando non fanno da bravi, gli danno una sculacciata.

Altri uomini provano il massimo del godimento sotto i colpi del battipanni e vanno con piacere da una puttana in calze di seta e giarrettiera per farsi frustare. Ancora altri preferiscono farsi succhiare, ma il risultato è sempre lo stesso: il rapporto con la puttana permette a questi poveri "bambinoni" di evitare le complicazioni sentimentali e l'obbligo di fare la corte e di far godere la loro compagna. Ciò li libera dalle convenzioni ed in questo il loro desiderio è puerile. Dell'amore con le prostitute apprezzano la rapidità e la facilità e soprattutto il fatto che le donne sono lì ad aspettarli!

Non capirò mai il lato perverso degli uomini! Tra guardoni, esibizionisti, feticisti e quelli che si farebbero una capra, per non parlare dei sadici, dei magnacci e degli stupratori, che mi fanno schifo, ce n'è abbastanza da vomitare!

Eppure, bisogna ammettere che non tutti sono così. Altrimenti non si potrebbe più sognare. E le donne e gli uomini non smettono di sognare, di sognare il grande amore...

### Vorspann

| la lotta | der Kampf |
|---|---|
| fare la lotta | kämpfen |
| l'erezione f. | die Erektion |
| combáttere | kämpfen |
| víncere Part.Perf.: vinto | siegen |

# Text

| | |
|---|---|
| il piacere | die Lust, das Vergnügen |
| la perversione | die Perversion |
| l'altro giorno | neulich |
| l'artícolo | der Artikel |
| incredíbile | unglaublich |
| marcio | verfault |
| arrivare | hier: soweit gehen |
| méttere il pannolino | die Windeln umlegen |
| il talco | der Talk |
| il pisello | der Pimmel |
| travestito da | verkleidet als |
| farsi coccolare | sich verhätscheln lassen |
| la balia | die Amme |
| dare il biberón | die Flasche geben |
| perméttere | erlauben |
| orinare | urinieren |
| sbavare | sabbern |
| lavare | waschen |
| la madre | die Mutter |
| raccógliere *Part.Perf.:* raccolto | auffangen |
| le feci | die Exkremente |
| l'approvazione *f.* | die Zustimmung |
| la riconoscenza | die Anerkennung |
| non fare da bravi | nicht lieb sein |
| dare una sculacciata | den Hintern versohlen |
| provare | empfinden |
| il mássimo di | das Maximum an |
| il godimento | die Lust |
| sotto | unter |
| il colpo | der Schlag |
| il battipanni | der Teppichschläger |
| la puttana | die Prostituierte |
| le calze di seta | die Seidenstrümpfe |
| la giarrettiera | der Strumpfhalter |
| farsi frustare | sich auspeitschen lassen |
| ancora altri | noch wieder andere |
| farsi succhiare | hier wohl am ehesten: sich einen blasen lassen |
| il rapporto | die Beziehung |
| il bambinone | etwa: das Riesenbaby |
| evitare | vermeiden |
| la complicazione | die Komplikation; hier: die Schwierigkeit |
| sentimentale | sentimental |
| l'óbbligo | die Pflicht |
| fare la corte | den Hof machen |

| | |
|---|---|
| far godere | etwa: Sinneslust geben |
| la compagna | die Gefährtin, die Freundin |
| ciò | das |
| liberare | befreien |
| la convenzione | die Konvention, die Übereinkunft |
| in questo | darin |
| il desidério | der Wunsch |
| puerile | pubertär |
| apprezzare | schätzen |
| la rapidità | die Schnelligkeit |
| soprattutto | vor allem |
| il fatto che | die Tatsache, daß |
| lì | dort |
| il lato | die Seite |
| il guardone | der Spanner |
| l'esibizionistà | der Exhibitionist |
| il feticista | der Fetischist |
| farsi una capra | mit einer Ziege schlafen |
| per non parlare di | um gar nicht zu reden von |
| il sádico | der Sadist |
| il magnaccio | der Zuhälter |
| lo stupratore | der Vergewaltiger |
| ce n'è abbastanza da | es gibt wirklich genug zum |
| vomitare | kotzen, erbrechen |
| eppure | und doch |
| bisogna | man muß |
| amméttere *Part.Perf.:* amesso | zugeben |
| altrimentri | sonst |
| non si potrebbe più | man könnte nicht mehr |
| sognare qc. | von etw. träumen |

# 22.

# Explosion der Zweierbeziehung

Ein Feuerwerk ist es allemal, bunt und imposant für zuschauende Freunde, nur spannender, dafür aber auch deprimierender, mit fadem Belag auf der Zunge. Besonders heftig sind die Eruptionen, wenn Dritte sich zur Tür hineingeschlichen haben, meist, weil einer der beiden ihnen die Tür öffnete. Ganz Eifrige ergehen sich sogar in Details, wenn sie über die Erlebnisse im Abseits berichten. Gerade Details über Sexuelles aber will niemand hören. Einmal ausgesprochen, kleben sie auf der Welt und lassen sich nicht mehr auswaschen. Die Macht der Worte ist ungeheuerlich.

La nascita è dolore,
la malattia dolore,
la vecchiaia dolore,
la morte dolore,
essere unito a chi non si ama è dolore,
essere separati da chi si ama è dolore,

(Siddharta Gautama)

# La coppia scoppia

— Ho sempre saputo che non avrebbe funzionato!

— Sono veramente andati oltre ogni limite. E poi, l'amore libero è ormai superato!

— Quando si vive insieme bisogna rispettare certe regole.

— Sembra che si raccontassero tutto nei minimi dettagli: come facevano l'amore con gli altri, le sensazioni che provavano, le diverse posizioni e così via. Gli mancava solamente la registrazione filmata.

— E poi, questa storia è durata anche molto!

— Sì, più di sei mesi.

— Caspita, hanno resistito così tanto?

— All'inizio il loro rapporto sembrava piuttosto tranquillo. Ma si è rovinato abbastanza in fretta.

— Quando pensi che dicevano ai quattro venti che niente poteva separarli, e meno che mai storie di sesso.

— In questo, lui avrebbe dovuto essere un po' più discreto. E' sempre stato un donnaiolo! Quando penso che scopava tranquillamente con le altre sotto il suo naso! E lei diceva che la cosa non la turbava affatto.

— Che dici, non è possibile!

— Visto che c'erano, potevano farlo in tre! Così ognuno se la sarebbe goduta. Secondo me, una donna che cerca questo tipo di uomo dovrebbe far l'amore con una donna. Non avrebbe più bisogno di un uomo per soddisfare le sue fantasie, non credi?

— E viceversa. Quello che dici mi ricorda il film di Truffaut *Jules e Jim*. La donna voleva essere un legame tra i due uomini e non un ostacolo. Per Jules fare l'amore con lei era un po' come fare l'amore con Jim.

— Non mi piace tutto ciò, preferisco le situazioni chiare. Per me l'amore di gruppo è una cosa da esibizionisti e da voyeur.

— Ma, ogni tanto un po' di voyeurismo, può anche essere bello.

— Smettila, non dire cazzate!

## Vorspann

| | |
|---|---|
| la náscita | die Geburt |
| il dolore | der Schmerz |
| la malattía | die Krankheit |
| la vecchiaia | das Alter |
| la morte | der Tod |
| unito a chi non si ama | verbunden mit dem, den man nicht liebt |
| éssere separati da | getrennt sein von |

## Text

| | |
|---|---|
| scoppiare | explodieren |
| funzionare | hier: gut gehen |
| oltre | über hinaus, jenseits |
| ogni | jeder |
| il límite | die Grenze |
| líbero | frei |
| ormai | heutzutage |
| superato | überwunden; hier: aus der Mode |
| rispettare | respektieren |
| la régola | die Regel |
| raccontare | erzählen |
| il dettaglio | das Detail, die Einzelheit |
| nei minimi dettagli | in den kleinsten Einzelheiten |
| la sensazione | die Empfindung |
| provare | empfinden |
| la posizione | die (Sex-)Stellung |
| e così via | und so weiter |
| mancare | fehlen |
| la registrazione | die Aufzeichnung |
| filmato | gefilmt |
| cáspita! | Donnerwetter! |
| resístere | widerstehen; durchhalten |
| all'inizio | am Anfang |
| piuttosto | eher |
| tranquillo | ruhig |
| rovinarsi | kaputtgehen |
| abbastanza | ziemlich |
| in fretta | schnell |
| il vento | der Wind |
| dire ai quattro venti | überall herumerzählen |
| separare | trennen |
| meno che mai | auf keinen Fall |
| storie di sesso | Bettgeschichten |

| | |
|---|---|
| lui avrebbe dovuto éssere | er hätte sein müssen |
| discreto | diskret |
| il donnaiolo | der Frauenheld |
| scopare | bumsen |
| tranquillamente | ruhig (Adv.) |
| sotto il suo naso | vor ihrer Nase |
| turbare | stören |
| non ... affatto | überhaupt nicht |
| visto che | angesichts der Tatsache, daß |
| ésserci | hier: schon soweit sein |
| farlo in tre | zu dritt machen |
| ognuno | jeder |
| godérsela | Spaß haben, genießen |
| secondo me | meiner Meinung nach |
| avere bisogno di | nötig haben |
| soddisfare | befriedigen |
| la fantasía | die (Sexual-)Phantasie |
| e viceversa | und umgekehrt |
| quello che dici | was du mir sagst |
| ricordare | erinnern |
| il legame | die Bindung; das Bindeglied |
| l'ostácolo | das Hindernis |
| tutto ciò | all das |
| chiaro | klar |
| l'amore di gruppo | der Gruppensex |
| il voyeur | der Voyeur |
| ogni tanto | von Zeit zu Zeit |
| sméttila | hör auf |
| non dire cazzate | etwa: erzähl keinen Scheiß |

# 23.

# Honigküsse

> Chi scuote agile i fianchi sulla scena
> manda in delirio, tanto è il godimento
> che nasce dalle sue sciolte movenze.
>
> (Ovidio, *L'arte di amare*, v. 530-533)

## Baci di miele

Ti devo assolutamente parlare!

La settimana scorsa sono stato a Milano e da allora non dormo più. Ora ti spiego cos'è successo. Una sera sono andato a ballare con degli amici in una bellissima discoteca dove facevano musica senegalese: tam tam da tutte le parti, ragazzi bellissimi in vestito tradizionale, luci coloratissime. Insomma, geniale! Mi avevano detto che si ballava fino al mattino e che era il punto di ritrovo degli Africani della città, ma non avrei mai pensato di fare un incontro in un posto così etero. Subito un tipo ha cominciato a divorarmi con lo sguardo. L'avessi visto! Un look da svenire e ballava il rap come un dio. Mi ha fatto flippare completamente! Inutile raccontarti il seguito. Era un bel po' che non mi facevo qualcuno. Sai che ho la paranoia dell'Aids, soprattutto a Milano con tutti i tossici che ci sono. Ma mi sono lasciato andare pensando che dopo tutto i preservativi non sono fatti per i cani! E ti assicuro che non l'ho rimpianto.

L'indomani mattina, mi ha svegliato al ritmo di musica e i suoi baci sapevano di miele e latte, dolci come le paste alle mandorle con cui mi ha ingozzato. La sua bocca mi morsicava e mi leccava, che goduria!

## Vorspann

| | |
|---|---|
| scuótere *Part.Perf.:* scosso | heftig bewegen; schütteln |
| ágile | gewandt, gelenkig |
| i fianchi | die Hüften |
| mandare in delirio | delirant machen |
| il godimento | der Genuß, das Vergnügen |
| sciolto | gelöst |
| la movenza | die Bewegung; die Gebärde |

## Text

| | |
|---|---|
| il miele | der Honig |
| assolutamente | hier: unbedingt |
| da allora | seitdem |
| ora | jetzt |
| spiegare | erklären |
| cos'è successo | was passiert ist |
| ballare | tanzen |
| la discoteca | die Diskothek |
| senegalese | senegalesisch |
| tam tam | lautmalend für Trommelmusik |
| da tutte le parti | überall |
| il vestito | die Kleidung |
| tradizionale | traditionell |
| la luce | das Licht |
| colorato | bunt |
| insomma | hier: also wirklich |
| geniale | genial |
| fino al mattino | bis zum Morgen |
| il punto di ritrovo | der Treffpunkt |
| la città | die Stadt |
| fare un incontro | eine Begegnung haben |
| il posto | der Ort |
| etero | ätherisch; auch: weltentrückt |
| súbito | sofort |
| divorare | verschlingen |
| lo sguardo | der Blick |
| l'avessi visto! | wenn du ihn gesehen hättest! |
| il look | der Look |
| svenire | in Ohnmacht fallen |
| il rap | der Rap |
| far flippare | ausflippen lassen |
| completamente | völlig; total |
| inútile | unnötig |
| il séguito | die Fortsetzung |
| era un bel po' che | schon seit geraumer Zeit |
| farsi qualcuno | mit jemandem ins Bett gehen |
| avere la paranoia di | schreckliche Angst haben vor |
| il tóssico | der Drogenabhängige |
| lasciarsi andare | sich gehen lassen |
| dopo tutto | schließlich |
| il preservativo | das Präservativ |
| non sono fatti per i cani | wörtlich: sie sind nicht für Hunde gemacht |
| assicurare | versichern |
| rimpiángere *Part.Perf.:* rimpianto | bedauern |

| | |
|---|---|
| l'indomani | am nächsten Tag |
| l'indomani mattina | am nächsten Morgen |
| svegliare | wecken |
| al ritmo di música | mit dem Rhythmus der Musik |
| sapere di | schmecken nach |
| il latte | die Milch |
| dolce | süß |
| la pasta | das Gebäck, der Kuchen |
| la mándorla | die Mandel |
| con cui | mit denen |
| ingozzare | vollstopfen |
| la bocca | der Mund |
| morsicare | beißen |
| leccare | lecken |
| la goduria | der Genuß, das Vergnügen |

# 24.

# Was bleibt von der Liebe?

O mia vita felice cui confido
ogni mia dolce pazzia solitaria.

(Sandro Penna, da *Croce e delizia*)

## Cosa rimane del nostro amore?

La coppia è veramente in crisi? O sono i rapporti tra donne e uomini a cambiare? Ora la sessualità non è più legata alla riproduzione, né il matrimonio è legato all'idea di metter su famiglia?

L'improvvisa apparizione di una terza persona ha da sempre sconvolto la vita di coppia. Quindi, che cosa ci si può aspettare da tale crisi? Soprattutto quando ci si è promesso che niente avrebbe potuto ostacolare la felicità in due?

Cosa fare quando la persona amata si ritrova d'un colpo tra le braccia di un altro/a? Non è sempre facile affrontare lo sguardo compassionevole degli amici che in fondo vi considerano come un povero coglione/a, anzi un cornuto/a! E visto che il delitto passionale non è più di moda, bisogna accettare la situazione così com'è o andarsene via! E' certo che oggi non è più la passione che uccide, ma la noia.

Tra innamorarsi ed amare c'è una grande differenza. Nell'innamoramento è la seduzione che gioca il ruolo fondamentale ed è il pepe della vita. Amare è un'altra cosa. E' un gioco che si fa giorno dopo giorno. Così Adone si trasforma in un pantofolaio e Venere si stufa di fare la Cenerentola. Meglio vivere sola che aspettare, ancora una volta, il Principe Azzurro! Tanto a cosa serve sostituire un orbo/a con un cieco/a!

Sembra facile da dire quando si sta in due. Noi abbiamo scelto di stare insieme e non lo rimpiangiamo. In venti anni niente ci è parso impossibile. Abbiamo dovuto rinunciare a certe cose per poter vivere nella stessa città e nello stesso paese, ma non ci siamo mai sacrificati a vicenda. Così, invece di rimorsi e rimpianti, continuiamo ad avere una grande tenerezza.

## Vorspann

| | |
|---|---|
| confidare in | vertrauen in |
| ogni | jede,-r |
| la pazzía | die Verrücktheit |
| solitario | einsam |

## Text

| | |
|---|---|
| éssere in crisi | in einer Krise stecken |
| ora | heute, jetzt |
| legare | binden, verbinden |
| la riproduzione | die Fortpflanzung |
| né .. né | weder .. noch |

| | |
|---|---|
| il matrimonio | die Ehe; die Heirat |
| metter su famiglia | eine Familie gründen |
| improvviso | plötzlich, unvermittelt |
| l'apparizione *f.* | die Erscheinung; hier: das Erscheinen |
| terzo | dritter |
| da sempre | schon immer |
| sconvólgere *Part.Perf.:* sconvolto | durcheinanderbringen |
| quindi | also, folglich |
| aspettare da | erwarten von |

| | |
|---|---|
| tale | solch |
| quando ci si è promesso | wenn man sich versprochen hat |
| ostacolare | behindern |
| la felicità | das Glück; die Glückseligkeit |
| in due | zu zweit |
| cosa fare quando | was soll man tun, wenn |
| ritrovarsi | sich befinden |
| d'un colpo | plötzlich |
| tra le braccia | zwischen den Armen |
| affrontare | entgegentreten |
| compassionévole | bemitleidend |
| in fondo | im Grunde |
| considerare | betrachten |
| póvero | arm |
| il póvero coglione | das arme Schwein |
| il cornuto | der Gehörnte |
| il delitto passionale | das Verbrechen aus Leidenschaft |
| éssere di moda | in Mode sein |
| accettare | akzeptieren, annehmen |
| così com'è | so, wie sie ist |
| andársene via | weggehen |
| la passione | die Leidenschaft |
| uccídere  *Part.Perf.:* ucciso | töten, umbringen |
| la noia | die Langeweile |
| la differenza | der Unterschied |
| l'innamoramento | das Verliebtsein |
| la seduzione | die Verführung (im positiven Sinne) |
| giocare un ruolo | eine Rolle spielen |
| fondamentale | grundlegend |
| il pepe | der Pfeffer |
| giorno dopo giorno | Tag für Tag |
| Adone | Adonis |
| trasformarsi | sich wandeln |
| il pantofolaio | der Pantoffelheld |
| Vénere | Venus |
| stufarsi di qc. | von etw. genug haben |
| la Ceneréntola | Aschenputtel |
| meglio ... che | besser .. als |
| il príncipe azzurro | der Märchenprinz |
| tanto | hier: sowieso |
| a cosa serve | wozu ist es gut |
| sostituire | ersetzen |
| l'orbo | der Einäugige |
| il cieco | der Blinde |
| fácile da dire | einfach gesagt |
| quando si sta in due | wenn man zu zweit ist |

| | |
|---|---|
| scégliere *Part.Perf.:* scelto | wählen |
| niente ci è parso | nicht schien uns |
| rinunciare | verzichten |
| il paese | das Land |
| sacrificarsi | sich opfern |
| a vicenda | gegenseitig |
| invece di | anstatt |
| il rimorso | die Reue, der Gewissensbiß |
| il rimpianto | der Schmerz, die schmerzliche Erinnerung |
| la tenerezza | die Zärtlichkeit |

# Index

Patricia Bourcillier  Bernd Sebastian Kamps
Rafael Recio  Susan Miller

## SPANISCH FÜR MOLLIS & MÜSLIS

Sprachbuchtexte zu den Themen der 70er Jahre: Atom-
krieg, Drogen, Raketenstationierung, Wohnraumspeku-
lation, AKWs, Stammheim etc.

168 Seiten, Paperback, ISBN 3-924774-03-X.

In der gleichen Sprachreihe erschienen:

### Italienisch für Mollis & Müslis
192 Seiten, ISBN 3-924774-1-3

### Englisch für Mollis & Müslis
132 Seiten, ISBN 3-924774-02-1.

### Französisch für Mollis & Müslis
148 Seiten, ISBN 3-924774-00-5.

### Sardisch für Mollis & Müslis
160 Seiten, ISBN 3-924-774-6-4

Bernd Sebastian Kamps und Anonyma

Marie Sebastian Miller

# GABRIELE DIAS

oder

**Die erträgliche Schwere
der Schuld**

STEINHÄUSER

**GABRIELE DIAS  oder die erträgliche Schwere der Schuld**
Roman. Verfaßt 1985/1986 von Bernd Sebastian Kamps und
einer anonymen amerikanischen Schriftstellerin, veröffent-
licht unter dem Pseudonym Marie Sebastian Miller. Erzählt
die Geschichte eines AIDS-Spezialisten. Ambientiert in Sar-
dinien, Mischung aus Ferien- und Kriminalroman.
284 Seiten, Paperback, ISBN 3-924774-07-2.

Bernd Sebastian Kamps

**AIDS 1992**

**Diagnostik und Therapie**
**HIV-assoziierter Erkrankungen**

Steinhäuser Verlag

Umfassende Darstellung der Krankheitsbilder. Erörterung der Aussagekraft von Symptomen und Laborwerten. Primäre und sekundäre Prophylaxe. Therapie mit antiretroviralen Substanzen. Ausführliche Besprechung aller Medikamente.

Etwa 336 Seiten, Paperback, DM 36,80. Erscheint Ende März 1992 in der 2.Auflage. ISBN 3-924774-14-5.

Erscheint im Juni 1992:

Patricia Bourcillier  Bernd Sebastian Kamps

# SPANISCH

**zwischen den Hügeln der Venus
und den Lenden Adonis'**

Steinhäuser Verlag

208 Seiten, Paperback, DM 16,80.
ISBN 3-924774-13-7
Über jede Buchhandlung erhältlich.

Erscheint im April 1992:

Michael Schirra    Patricia Bourcillier
Bernd Sebastian Kamps

# ENGLISCH

## zwischen den Hügeln der Venus
## und den Lenden Adonis'

Steinhäuser Verlag

132 Seiten, Paperback, DM 16,80.
ISBN 3-924774-12-9
Über jede Buchhandlung erhältlich.